数字人
元宇宙的先锋

陈 英 ◎ 主编

DIGITAL HUMAN
THE PIONEER OF THE METAVERSE

电子工业出版社
Publishing House of Electronics Industry
北京·BEIJING

内 容 简 介

本书基于纵向的历史演变与横向的全球视野，对数字人进行了系统描绘，梳理了数字人发展历程和技术架构，阐述了全球主要经济体的数字人发展态势，绘制了数字人产业链和企业链图谱，介绍了数字人的典型应用场景，展望了数字人的发展未来。希望本书能为我国抢抓数字经济新机遇、构筑国家竞争新优势、推动数字人技术在更多行业应用，提供有益的借鉴与启示。

未经许可，不得以任何方式复制或抄袭本书之部分或全部内容。
版权所有，侵权必究。

图书在版编目（CIP）数据

数字人：元宇宙的先锋 / 陈英主编. —北京：电子工业出版社，2023.5
ISBN 978-7-121-45361-8

Ⅰ. ①数⋯　Ⅱ. ①陈⋯　Ⅲ. ①信息经济－研究　Ⅳ. ①F49

中国国家版本馆 CIP 数据核字（2023）第 060331 号

责任编辑：徐蔷薇　　文字编辑：曹　旭
印　　刷：中煤（北京）印务有限公司
装　　订：中煤（北京）印务有限公司
出版发行：电子工业出版社
　　　　　北京市海淀区万寿路 173 信箱　　邮编：100036
开　　本：720×1 000　1/16　印张：10.25　字数：167 千字
版　　次：2023 年 5 月第 1 版
印　　次：2023 年 5 月第 1 次印刷
定　　价：68.00 元

凡所购买电子工业出版社图书有缺损问题，请向购买书店调换。若书店售缺，请与本社发行部联系，联系及邮购电话：（010）88254888，88258888。
质量投诉请发邮件至 zlts@phei.com.cn，盗版侵权举报请发邮件至 dbqq@phei.com.cn。
本书咨询联系方式：xuqw@phei.com.cn。

编 委 会

主 编：陈 英

副主编：王天虹　王 桓

成 员：徐 曼　张雅妮　李冀宁　尹传昊

　　　　李志杰　王洁瑶　赵紫薇　李小鹏

前言

2021年12月31日,在江苏卫视跨年晚会的舞台上,数字人"邓丽君"登台亮相,宛如真人复活般地与现实世界的歌手一同深情演唱,惊艳了现场和屏幕前的观众。在此之前,各个领域已经出现了很多数字人,如新华社的全球首位数字航天员"小铮"、北京冬奥会期间的谷爱凌数字分身"Meet GU"、清华大学首位虚拟学生"华智冰"、抖音上会"捉妖"的美妆达人"柳夜熙"……越来越多的数字人正走进我们的生活,他们不仅长相酷似真人,甚至连表情、语言及动作和真人也别无二致,凭借以假乱真的样貌和行为让人大开眼界!

数字人的浪潮正在席卷而来。自2021年起,元宇宙受到了爆发性的关注,全球各主要经济体争相进行战略布局,抢占发展先机和竞争制高点。数字人作为元宇宙的基本构成要素和重要入口,是目前最早可落地应用的元宇宙细分场景,为新一轮国际科技竞争提供了新赛道。

对于我国而言,数字人有望成为数字经济发展的新增长点。党的二十大报告已明确提出加快建设数字中国,深入实施创新驱动发展战略。推动我国数字人发展是贯彻落实党的二十大战略部署,推进数字技术、应用场景和商业模式融合创新,助力数字中国建设的重要探索和有益尝试。各地政府也积极出台政策推动数字人技术创新与应用,北京市已经出台了国内首个数字人产业专项支持政策,打造数字人产业创新高地。

那么到底什么是数字人?它背后是有真人在操控,还是完全通过技术生成?它将给人类带来什么好处?在未来的元宇宙时代,它是否将实现普及化,走进千家万户?面对新兴的数字人,相信很多读者都存在类似的疑问,这一系列问题引发了很多人对未来的无限遐想。

本书将带领大家揭开数字人的神秘面纱,探寻其发展轨迹,分析其发展现状,展望其未来的演进方向。希望本书能给读者们带来一些启发,让大家以更加开放的姿态拥抱元宇宙时代。同时,也希望本书能够为我国抓住数字人发展机遇、培育经济发展新动能，贡献一份绵薄之力。

本书的出版离不开所有编者的共同努力，更离不开一批业内专家的悉心指导，他们是：众诚智库总裁杨帆、高级副总裁柳絮，中国科协创新战略研究院原院长任福君教授，浙江大学 CAD&CG 国家重点实验室主任周昆、研究员邵天甲，北京师范大学人工智能学院副院长胡晓雁、新闻传播学院老师李倩，北京聚力维度科技有限公司首席执行官赵天奇、品宣总监康天姝，北京市商汤科技开发有限公司产品总监高瑞声、市场总监徐柏琦、技术总监邢孝慈，北京诺亦腾科技有限公司渠道总监孔勇，北京云舶在线科技有限公司副总裁张蔚爽等。在此，对这些专家表示衷心感谢！

由于编者水平有限，书中错误和疏漏之处在所难免，希望广大读者能够批评指正！在此表示感谢！

目录

第一章　数字人的进化史 ··· 1
　第一节　北京冬奥会带火了数字人 ··································· 3
　　一、数字人来到我们身边 ··· 3
　　二、揭开数字人的神秘面纱 ······································· 6
　　三、形形色色的数字人 ··· 9
　第二节　揭秘数字人四大关键技术 ··································· 13
　　一、数字人制作流程 ··· 13
　　二、让数字人像"人"：建模技术 ································· 18
　　三、使数字人动起来：驱动技术 ··································· 20
　　四、使数字人形象更真实：渲染 ··································· 26
　　五、让数字人"活"起来：交互 ··································· 28
　第三节　数字人从何处来，往何处去 ································· 37
　　一、从首位数字人说起 ··· 38
　　二、数字人的商业化道路 ··· 40
　　三、数字人的下一站在哪里 ······································· 45

第二章　各主要经济体数字人发展态势 ··································· 51
　第一节　美国：凭借深厚技术积累领跑全球 ··························· 53
　　一、引领全球技术进步 ··· 53
　　二、政府为技术发展保驾护航 ····································· 57
　　三、典型企业 ··· 59
　第二节　欧洲：加强技术研究和数字监管 ····························· 60
　　一、数字人相关技术发展较早 ····································· 60
　　二、重视数据保护与监管 ··· 62
　　三、典型企业 ··· 63

第三节　日本：积极打造虚拟IP ································· 64
　　一、动漫产业奠定应用基础 ································· 64
　　二、面向全球打造虚拟IP ··································· 65
　　三、典型企业 ··· 66
第四节　韩国：大力发展虚拟偶像及娱乐平台 ····················· 68
　　一、虚拟偶像经济的热土 ··································· 69
　　二、政策驱动产业发展 ····································· 70
　　三、典型企业 ··· 71
第五节　中国：商业化场景应用落地提速 ························· 72
　　一、底层技术发展迅速 ····································· 72
　　二、四大驱动因素 ··· 75
　　三、典型企业 ··· 79

第三章　数字人产业生态图谱 ··································· 85
第一节　数字人产业链 ······································· 87
　　一、产业链图谱 ··· 87
　　二、产业链上游：数字人制作底基 ··························· 89
　　三、产业链中游："造人"工厂 ······························ 102
　　四、产业链下游：千姿百态的数字人 ························ 105
第二节　数字人企业链 ······································ 106
　　一、企业链图谱 ·· 106
　　二、为数字人修路架桥——底层技术厂商 ···················· 107
　　三、数字人制作大师——生产及服务商 ······················ 108
　　四、数字人资产的业主——应用运维商/个人 ················· 110
第三节　数字人产品图谱 ···································· 111
　　一、传媒：耳目一新的虚拟主播 ···························· 113
　　二、娱乐：可塑性强的虚拟偶像 ···························· 116
　　三、金融：不断自我提升的数字员工 ························ 118
　　四、文旅：深受喜爱的文旅数字人 ·························· 121

五、教育：生动有趣的虚拟教师 …………………………………… 122

　　六、零售：24小时无休的虚拟导购 …………………………………… 124

第四章　数字人发展展望 …………………………………………………… 127

　第一节　数字人的发展趋势 …………………………………………… 129

　　一、数字人或将成为5G大规模商用的重要场景 …………………… 129

　　二、开源平台将成为打造行业生态的关键 …………………………… 130

　　三、数字人将实现千人千面的多样化互动 …………………………… 132

　　四、数字人将为数字政府建设提供重要支撑 ………………………… 133

　　五、数字人将成为个人和组织的重要数字资产 ……………………… 135

　第二节　数字人的发展机遇 …………………………………………… 136

　　一、元宇宙：数字人成为主角 ………………………………………… 136

　　二、Web3：数字人走向新时代 ………………………………………… 140

　　三、NFT：数字人的新玩法 …………………………………………… 143

　第三节　数字人的社会治理挑战 ……………………………………… 146

　　一、带来社会安全隐患 ………………………………………………… 147

　　二、影响网络健康生态 ………………………………………………… 149

　　三、引发"数字人成瘾"问题 ………………………………………… 150

　　四、积极应对社会治理挑战 …………………………………………… 152

结语 …………………………………………………………………………… 153

参考文献 ……………………………………………………………………… 154

第一章

数字人的进化史

数字人是继机器人之后,人类创造的又一新型"人"。

从古至今，人类对"长生不老"的追求从未停止。从古代帝王耗费大量的财力、物力和人力"求仙问药"，到现代科学家们开展的基因工程，都体现了人类对于延长寿命的渴望与执着。时至今日，科学技术的进步已经帮助人类大幅增加了寿命，延缓了衰老，但死亡依然是人类个体的宿命。

近期，有科学家提出利用数字技术让人的意识实现永生。如果在现实世界不能永久生活下去，那么在虚拟空间实现第二分身的永存也是一个充满诱惑的选择。目前，国外已经有人尝试将人的记忆、思想、感受等意识内容从大脑转移到数字神经网络中，在网络上创建一个与真人相仿的"数字人"，希望以此来获得"永生"。

本章将揭开数字人的神秘面纱，从数字人的定义、分类、关键技术、发展历程等角度深入、直观地"解剖"数字人。

第一章 数字人的进化史

第一节 北京冬奥会带火了数字人

2022年，北京冬奥会成功举办，这是新冠疫情期间首次如期举办的全球综合性体育盛会，全面展示了各国体育健儿顽强拼搏的精神，为世界奉献了一届令人难忘的奥运会。这次冬奥会不仅是举世瞩目的体育盛会，也是数字技术应用的盛宴。人工智能、5G、8K、虚拟现实等一系列数字技术，为精彩赛事及场馆的运行提供了保障，全方位展示了数字科技的创新应用成果。基于数字技术的数字人应用更是遍地开花，如播报"冬奥公众观赛气象指数"的虚拟气象主播"冯小殊"，以及口型生成准确率达到98.5%的AI手语主播、虚拟AI教练"观君"等，各种不同类型的数字人走进了人们的视野。

一、数字人来到我们身边

2022年是数字人大众化元年。从最开始的娱乐、游戏等小众领域的虚拟偶像，到北京冬奥会上的AI主播、气象播报员，数字人迅速向文化主播、零售电商、企业员工、广告代言等各个领域发展，大有"飞入寻常百姓家"之势。

（一）"洛天依"因冬奥会成为"虚拟流行天后"

2022年2月2日，虚拟歌手"洛天依"登上了北京冬奥会文化节开幕式的舞台，演唱歌曲《Time to Shine》。恢宏大气的歌词、融合了中国风与现代流行元素的曲风，以及洛天依独特的电音嗓，完美表达了歌曲的意境，让观众们享受了一场视听盛宴。

谁曾想到，此时洛天依已在二次元领域"出道"10年，是全球第一位中文虚拟歌手、中国第一个商业化数字人。虽然属于虚拟人物，但洛天依从名字、外形到性格、喜好，都有自己的特色。她取名于"华风夏韵、洛水天依"，性格温柔内向、细腻敏感，外表特征为灰发、绿瞳，发饰碧玉、腰坠中国结。2012年7月12日，洛天依的声库发布，标志着她正式出道。

自出道以来，洛天依在二次元领域声名渐高、影响力渐强，出了十几张专辑，举办了多场个人演唱会，频繁亮相各大卫视，更是登上了2022年央视元宵晚会（见图1），还代言了百雀羚、肯德基等多个商业品牌，她独特的魅力为大家展示了不一样的风采。从小众二次元到走向大众舞台，洛天依已经成为家喻户晓的"虚拟流行天后"。

图1　2022年央视元宵晚会上的洛天依

（二）冬奥会数字"造人"呈蓬勃发展之势

除了洛天依，在2022年北京冬奥会上，自由式滑雪项目中获得两枚金牌和一枚银牌的中国选手——自由式滑雪运动员谷爱凌的数字人分身"Meet GU"也引起了人们的关注。在赛场外的演播室里，Meet GU完成了滑雪赛事解说、播报及场景电商的虚拟互动等诸多工作。她其实是中国移动咪咕为谷爱凌量身打造、推出的首个体育数字达人，无论是外形、声音，还是面部神情与妆容细节，都与谷爱凌本人极度相似，就连毛孔细节、皮肤质感和颜色都做到了1∶1还原，堪称谷爱凌的"孪生姐妹"。据中国移动咪咕介绍，

Meet GU 的创作团队利用数字技术实现了全自动化表情与动作的迁移,做到与真人表情"神同步"。创作团队还真实还原了现实世界中的服装质感,以及做滑雪、跳跃、翻转等复杂动作时的服装变形与褶皱,使 Meet GU 的服装和人物实现了贴合。

当然,除 Meet GU 之外,活跃在冬奥会上的数字人还有很多,比如阿里巴巴推出的数字人冬奥宣推官"冬冬",百度推出的数字人手语主播、数字气象主播"冯小殊",科大讯飞牵手央视打造的"3D 虚拟冰冰"等。据不完全统计,至少有 28 位数字人亮相北京冬奥会,应用类型包括了虚拟主播、手语主播、气象主播、真人虚拟形象主播、奥林匹克公益宣传大使、冬奥官方周边带货主播等,参与的公司包括腾讯、微软小冰、中国移动、新华社、百度、阿里巴巴、科大讯飞等 20 家科技、平台类巨头(见表 1)。可以说,冬奥会给数字人"出圈"提供了绝好的机会,使社会大众对数字人从陌生到熟悉,逐步接纳数字人走进我们的现实生活。

表 1　2022 年北京冬奥会各参与公司打造的数字人

序号	数字人名称	应用类型	公司名称
1	AI 手语数字人	手语翻译	百度
2	冬奥手语播报数字人系统	手语翻译	智谱华章
3			凌云光
4	洛天依	虚拟歌手	上海禾念
5	聆语、小净	手语翻译、数字人记者	腾讯
6	熱愛 REAL	冬奥公益大使	新华社
7	冬冬	虚拟带货主播	阿里巴巴
8	冰冰、爱加	真人数字人分身、多语种翻译	科大讯飞
9	5G 冰雪梦之队、麟犀组合	真人数字人分身、虚拟偶像	中国移动
10	小思	AI 虚拟主播	拓尔思
11	冯小殊、夏语冰	AI 虚拟主播	小冰
12	AYAYI	虚拟网红	燃麦科技
13	点赞仙、浓密仙	虚拟偶像	两点十分
14	A-Soul	虚拟偶像	乐华娱乐
15	艾因 Eine、小可学妹、冰糖 IO	虚拟主播	B 站
16	伊万、路理 Kuri、小虾鱼_Official、田汐汐_Official	虚拟主播	东方传媒

(续表)

序号	数字人名称	应 用 类 型	公司名称
17	翎 Ling	虚拟偶像	次世文化
18			魔珐科技
19	申小雅	虚拟主播	上海广播电台
20	冰墩墩	虚拟吉祥物	冬奥会组委会

资料来源：根据网络公开资料整理。

目前，数字人应用已经是大势所趋。截至 2021 年 8 月，入驻 B 站（哔哩哔哩视频网站）的虚拟主播就有 3.6 万名之多，很多大型企业都发布了自己的虚拟员工。直播带货数字人更是有望重塑电商行业格局，将为传统电商的转型提供一个新的出口，将数字"造人"之势推向一个新的阶段。除电商领域之外，数字人也正在颠覆影视、游戏、零售、政务服务等多个领域。

二、揭开数字人的神秘面纱

近几年，数字人在元宇宙概念的火爆助推下迎来发展热潮，是元宇宙领域中落地最快的一个商业场景，被称为元宇宙的"头号玩家"和"引路人"。目前，数字人已经开始走进大众的生活，以"AI 助手""社交伙伴""虚拟偶像"等方式出现在我们身边。至于在云端能否实现永生这个设想，还需要科学家们进一步探索。

（一）认识数字人：数字人概念辨析

数字人的概念最早出现在美国的医学领域。21 世纪初，美国科学家联盟基于早期一系列针对人体的研究计划，包括人类基因组计划、可视人类计划、虚拟人类计划、人类大脑计划等，成立了"数字人联盟"，目标是实现对人体系统及运作机制的精确模拟，数字人的概念也由此诞生。但此时的数字人并非当今意义上的数字人，仅仅是将人体信息化后对人形的"克隆"。

除了数字人，目前业内还有可视人、虚拟人、虚拟数字人等概念，这些概念语义相近，往往令人困惑，到底它们有什么区别呢？

第一章　数字人的进化史

可视人是依靠计算机技术三维显示人体器官结构的计算机模型，是医学与信息技术、计算机技术相结合的科学研究工具。

虚拟人是在可视人的基础上，将人体计算机模型应用到其他领域，结合信息通信技术、动画相关技术、游戏相关技术等制作的虚拟形象，具有人的外形特征，能够模拟人的活动，更强调与真人的相似性。虚拟人的主要特点：一是人物的身份是虚构的；二是现实中不存在虚拟人的实体，其本体存在于计算设备（计算机、手机等）中，通过显示设备呈现出来，人类只能够观赏；三是具有人类的外观形体结构，能够简单模拟人类的行为。

业内常见的概念还有虚拟数字人，它更强调"虚拟"和"数字化"，指虚拟人与不断兴起的数字技术相结合，综合利用计算机图形学、动作捕捉、渲染引擎、语音合成、情绪识别、深度学习等技术进行创造并应用，具有多重人类特征、能够模拟更多人类行为。虚拟数字人依然存在于非物理世界，但能够与现实世界的自然人进行实时交流，实现智能交互。业内也常将虚拟数字人等同于数字人使用。

相比之下，数字人的概念更常被业内使用，强调"利用数字技术"及"存在于数字世界"，因此数字人可以定义为利用数字技术打造、具有人类特征（具有人的外貌或拟人化的形象，能够用语言、面部表情或肢体动作进行表达或交流互动）、存在于非物理世界且能够与现实世界产生交互的虚拟人物。数字人既包括虚构的人物，也包括真人的数字分身。在呈现方式上，数字人主要以图片、视频、直播等方式呈现在显示设备上，也可以利用全息投影的方式投射在物理空间中。

新兴技术只有通过大范围的商业化应用才能真正实现其社会价值。可视人的应用范围是极其有限的，只能应用于医学研究领域。虚拟人、虚拟数字人的应用范围相当广泛，它们通过商业化的再创造，具有一定的社会特征和社会活动能力。商业场景下的数字人的社会属性更明显，以真人为基础创建的数字分身可以代替真人参与更多的社会活动。数字人几乎能渗透到现实社会中的各个领域，目前已充分活跃在消费、教育、金融、娱乐等诸多领域，可在外观、语言、肢体动作上高度模拟真人。

由此可见，从可视人、虚拟人、虚拟数字人到数字人，商业化属性逐步增强，功能和应用领域逐步扩大。数字人与可视人、虚拟人、虚拟数字人之间的包含关系见图2。

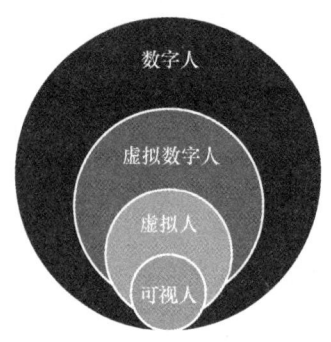

图2　数字人与可视人、虚拟人、虚拟数字人之间的包含关系

可视人、虚拟人、虚拟数字人、数字人的主要特征及区别见表2。

表2　可视人、虚拟人、虚拟数字人、数字人的主要特征及区别

类　别	概　念	主要技术	主要特征	区　别
可视人	利用计算机技术和三维显示技术仿真人体的模型	计算机技术、医学相关技术、三维显示技术	医学领域的科学研究手段	标准人体模型。静态且通过显示设备可视
虚拟人	将人体计算机模型应用到其他领域，具有人的外在特征和行为	计算机技术、三维显示技术、信息通信技术、动画相关技术、游戏相关技术等	具有人的外形特征，能够模拟人的活动	仅存在于虚拟世界，通过显示设备可观赏，与现实世界无法实时交互
虚拟数字人	部分虚拟人与新兴数字技术相结合，综合利用动作捕捉、渲染引擎、语音合成、情绪识别、深度学习等技术	计算机图形学、动作捕捉、渲染引擎、语音合成、情绪识别、深度学习等	具有多重人类特征，能够模拟更多人类行动	身份虚构，存在于非物理世界，能够与现实世界的自然人进行实时交流，实现语音、文本交互
数字人	利用数字技术打造、具有人类特征、存在于非物理世界且能够与现实世界产生交互的虚拟人物	3D成像、动作捕捉、渲染引擎、人工智能等	具有人类特征和行为能力、智能意识等	包括真人的数字分身，可以打破虚实边界，能够用语言、面部表情或肢体动作进行表达与交流互动，并能够投影到现实世界

资料来源：根据网络公开资料整理。

（二）数字人的发展目标

在发展目标上，是否具备足够自然、逼真的交互体验是衡量数字人等级的重要标准。因此，在外观形象、肢体动作等方面与人类逐步接近，具备自主感知、逻辑推理、语言甚至情感表达等能力，在各个应用场景中辅助人类实现相应功能是数字人发展的核心目标。

从长远来看，数字人将是虚实融合世界的基本组成部分。随着人工智能、虚拟现实、人机交互等技术的成熟和应用，数字人将像人们身边的每一个陌生人一样，随时随地通过具有虚实交互功能的设备出入真实和虚拟空间，快速与二维赛博空间、三维赛博空间建立连接，让人类在三维空间的任何一个位置点获取更加立体、丰富的体验。

未来，更高等级的数字人将依赖人工智能通用技术，具有一定的三维感知能力和逻辑思维能力，能够处理一些全局性、系统性的问题，并在这个过程中自主学习、自发进行数据训练和升级，让人类意识在云端实现"永生"。

三、形形色色的数字人

现在，在网络上我们已经看到越来越多的数字人涌现并且凭实力"出圈"，如"柳夜熙""度晓晓""华智冰"等。它们到底属于哪种类型的数字人？这些类型是如何划分的呢？目前，业内并没有统一的数字人标准，市面上常见的数字人根据技术、应用、商业模式形成了3种分类方法。

（一）按技术分类

依照技术分类，数字人可分为真人驱动型和AI驱动型。

真人驱动数字人通过真人来驱动数字人，业内将这类数字人背后的真人称为"中之人"，这个称呼来源于日语"中の人"，翻译成中文就是"里面的人"。这种类型数字人的驱动原理是通过动作捕捉技术将数字人背后真人的表情、动作呈现在数字人形象上，真人可以根据视频监控系统与用户进行实时交流互动。

AI 驱动数字人是指利用 AI 技术来解读外界的信息，根据系统分析的结果来使数字人通过语言或表情、动作给用户相应的反馈，实现互动。这种智能驱动能力是提前通过 AI 技术训练得到的，业内将此模型称为 TTSA（Text To Speech & Animation）人物模型。

真人驱动数字人与 AI 驱动数字人技术流程对比见表3。

表3　真人驱动数字人与 AI 驱动数字人技术流程对比

序号	真人驱动数字人		AI 驱动数字人	
1	形象设计及建模	基于 IP 设计或真人偶像绘制原画，进行面部及身体 3D 建模，选择关键点	设计形象扫描数据	利用多方位摄像头，采集模特说话时的唇形、表情、面部肌肉变化细节、姿态等数据
2	建模绑定	将识别关键点映射至模型上，进行绑定，关键点绑定的数量及位置影响最终效果	形象建模及绑定	设计所需的模型，或者基于特定真人进行高还原度建模并绑定，关键点绑定的数量及位置将影响最终效果
3	表演捕捉	利用动作捕捉设备或特定摄像头+图像识别，捕捉在形体、表情、眼神、手势等方面的关键点变化	训练各类驱动模型	利用深度学习技术，学习模特语音、唇形、表情参数间的潜在映射关系，形成各自的驱动模型与驱动方式
4	驱动及渲染	"中之人"根据制作需要进行相应表演，实时驱动数字人表演，较为精细的制作会对动作、眼神、手指等采用不同的驱动方式	内容制作输入参数	基于语音，结合上一步得到的驱动模型，推理得到每帧数字人的图片，通过时间戳，将语音和每帧数字人的图片进行结合
5	生成内容进行互动	进行直播或录制其动作生成内容	进行渲染生成内容	为保证在特定场景下能够实现实时、低延迟渲染，计算框架的大小、算力供给等技术问题同样会影响数字人的最终生成效果

资料来源：国泰君安证券《元宇宙应用或加速，虚拟人需求望提升》。

从 AI 参与数字人制作的程度来看，数字人制作可以分为 3 种形式：第一种为零 AI 数字人，建模与驱动不需要 AI，均靠人力运用传统的 3D 建模/CG 技术，花费时间较长，成本巨大；第二种为半 AI 数字人，最初的形象建模靠人工，后续驱动靠 AI；第三种为纯 AI 数字人，形象建模与后续驱动均靠

AI。后面两种形式都可以称为 AI 数字人，数字人从前期的建模方式到后期的运作流程均可以用人工智能技术实现，表 4 展示了采用人工智能技术制作的数字人（AI 数字人）与零 AI 数字人的区别。

表 4　AI 数字人与零 AI 数字人的区别

类别		创建方式	驱动方式	交互方式	特点
零 AI 数字人		前期根据数字人形象选取符合条件的真人模特；以手绘、CG 建模方式为主	CG 建模加图形渲染，采用"中之人"驱动方式或语音驱动方式	"中之人"驱动型数字人不存在自主交互，根据"中之人"反馈完成交互	交互方式成本高且带宽受限于"中之人"，无法实现高频、并发的交互需求
AI 数字人	半 AI 数字人	同上	通过数字孪生技术等完成数字人语音、样貌、表情、动作的数据采集与训练。通过神经网络渲染等技术完成数字人的渲染驱动，自然度较高	通过人工智能框架中的计算机语音、自然语言处理、多模态交互、人工智能内容生成等技术，实现数字人与用户间的自助交互	成本相对降低，可满足高频、并发的交互需求
	纯 AI 数字人	基于深度神经网络渲染技术，生成现实世界不存在的人脸面部特征；或者采集少量基于真人的面容、肢体和语音数据，渲染生成数字孪生人	同上	同上	具有低成本、快速创建、丰富多样等优势，并且其生物学特征更加真实、自然，不会产生侵权风险

资料来源：头豹研究院《2022 年中国虚拟人产业发展白皮书》。

（二）按应用分类

按应用分类，数字人主要包括服务型数字人、身份型数字人和表演型数字人三大类（见表 5）。其中，服务型数字人的定位是为人类提供关怀、陪伴、顾问、事务处理等多种服务，如虚拟客服、虚拟导游和虚拟主播等；身份型数字人的定位是为真人在虚拟世界构建对应形象，如数字人李彦宏、数字人龚俊等；表演型数字人是指从事戏剧影视表演、声乐表演、舞蹈表演及各种演艺活动的数字人,包括虚拟偶像洛天依、柳夜熙等。

表5 数字人按应用分类

对比项	服务型数字人	身份型数字人	表演型数字人
功能定位	为人类提供服务	在虚拟世界构建真人分身	参加戏剧影视表演、声乐表演、舞蹈表演及各种演艺活动
代表产品	虚拟客服 虚拟导游 虚拟主播	数字人李彦宏 数字人龚俊	洛天依 柳夜熙
应用领域	金融、通信、政务、旅游、广电等	互联网社交、游戏	影视、声乐表演等

资料来源:根据网络公开资料整理。

(三)按商业模式分类

有的数字人凭"实力"出圈,有的数字人凭"人设"出圈。一些设计团队为了给数字人打造鲜明的特征,也是煞费苦心。为了让"居住"在美国的虚拟音乐人"Lil Miquela"形象更加真实,设计团队特意在其两颊上添了些"雀斑",连不完美都经过刻意的设计。类似这种打造数字人鲜明特征的商业运作模式,业内称其为"IP型"数字人,没有明确特征的数字人被称为"非IP型"数字人。

IP型数字人是指有人物设定和定位的数字人。与影视剧人物、流量明星一样,这种类型的数字人最鲜明的特点就是具有独特的"人设",如俊美的外形、鲜明的性格、突出的艺术特长等,甚至特别的经历或搞笑的口头禅、标志性动作等都是人设的重要内容。IP型数字人的商业模式主要是靠差异化人设大量圈粉,为公司创造经济效益。例如,抖音上爆火的会"捉妖"的虚拟美妆达人"柳夜熙",上线3天涨粉超270万,话题热度迅速上涨。柳夜熙的出现印证了数字人内容创作对于打造良好商业模式的重要性。IP型数字人一般包括直播带货类的虚拟主播,娱乐公司定制的虚拟偶像,商业品牌定制的、符合自身调性的虚拟员工或平台代言人,以及以真人明星为原型的身份型数字人四大类。

非IP型数字人是指在应用场景中通过为用户提供服务贡献商业价值的

第一章 数字人的进化史

数字人,这种类型的数字人不需要特别的人物形象或性格,以能否为用户提供令人满意的服务为主要评判标准。此外,还有一种非商业类的数字人,主要集中在研究领域,不以创造经济价值为目的,仅作为前沿科技研究成果进行展示。

从 IP 的角度看,数字人的创造本质上是一个新 IP 的打造,如果数字人有具体的形象和 IP 内涵,它的商业变现途径将会更加明确,因此市面上的数字人大部分都属于 IP 型数字人。一旦数字人 IP 运作成功,就会形成较大的破圈、流量和吸金效应,后续只要在 IP 打造上持续发力,就能长期获得商业回报。

第二节 揭秘数字人四大关键技术

2021 年,美国一位韩裔女士凭借她所操控的 3D 数字人——CodeMiko,成为 Twitch 平台最"火"的游戏主播之一,平均每天有 7000 人在线围观,累积了超过 70 万的粉丝。准确来说,"火"的并不是这位女士,而是 CodeMiko。那么,这样一个从毛发到皮肤样样都精致、表情和动作都流畅生动的数字人,在技术上又是如何实现的呢?

一、数字人制作流程

数字人的制作不仅需要强大的硬件能力,还需要超强的计算机算力、图形实时渲染能力、海量内容的本地存储能力,以及低延迟的网络传输能力和深度优化的底层服务能力。根据 AI 应用程度的不同,数字人制作流程可大体概括为 7 个步骤,见图 3。

第一步:形象设计。基于 IP 形象的需要,可以从人物风格、身材比例、五官特色、基础服饰等方面确定数字人的外在特征。真人分身的数字人则直接跨过这个步骤,由照片或扫描图像生成形象。

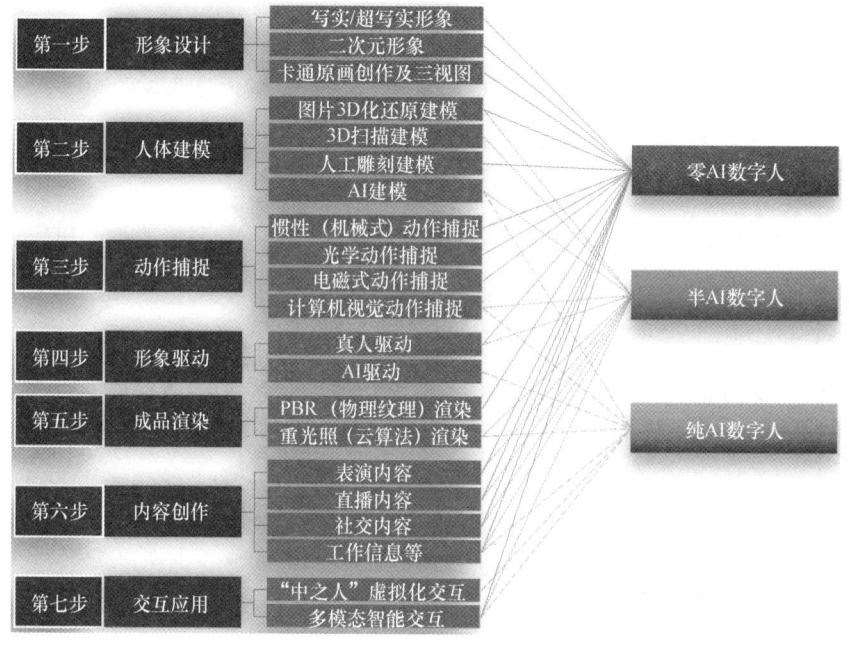

图3 数字人制作流程

（资料来源：根据网络公开资料整理。）

IP型数字人形象设计首先根据受众的审美品位和流行趋势确定数字人的风格意向。然后绘制数字人服装三视图，选择色彩搭配、设计装饰纹样并标注材质，确定细节草图。最后根据草图造型确定造型比例、丰富皱褶细节、优化表面数据等，确保服饰造型的精准。利用软件绘制后输出的多层材质通道贴图，使服饰展示出精美的材质纹理，让服饰更加真实、细腻、有质感。

数字人形象设计最重要的是对外观形象进行拆解，主题多元、材质丰富、造型多样的服饰单品能够满足用户形象的个性化需求。设计过程通常可以将单品自由组合，以增加形象的可变性和延展性，最后形成通用的生产供应流程，全面提升数字人泛在化应用的生产质量和效率，加速推动数字人走向大众。

第二步：人体建模。人体建模是指构建数字人面部及身体的3D模型。二次元角色数字人、卡通/吉祥物角色数字人的建模技术已经成熟，主要运用三维图形软件（Blender等）对2D图像进行3D还原，实现快速建模。写实、超写实数字人的建模方式主要有两种。一种是基于人体测量学特征数据，用 3D MAX 构造数字人的皮肤网格，利用层级建模方法构建骨骼关节运动模型，即人工雕刻建模。另一种是利用深度相机扫描或激光扫描进行 3D 建模。深度相机利用其发射的红外线、光脉冲等，采集物体表面反射的信号，但由于深度相机得到的都是数据点，必须利用软件进行辅助建模，如 RecFusion。激光扫描建模主要利用反射棱镜引导激光测距仪发射的激光匀速地扫描人体表面，同时接收人体表面反射的信号，再进行测距，形成深度明暗数据。因此，激光扫描建模同样也需要其他软件进行辅助建模。

AI 建模首先利用消费级单目 RGB 摄像机实时捕获人体视频，包括人脸视频，并发送到云端；然后利用计算机图形算法、AI 技术从视频中提取照片信息，并利用提取到的照片信息构建高精度的 3D 模型，同时生成皮肤物理属性和 UV 材质贴图；最后利用云端超强的计算能力进行同步渲染和动作驱动。AI 建模只需要一段极短的视频或几张照片，以及秒级的延迟等待，就能够创建出超写实的 3D 虚拟形象，包括人脸模型和表情动态。人脸模型及表情动态主要是通过人脸检测技术、3D 人脸重构技术、AI 技术、高精度的人脸数据库及云端超强的计算算力等实现的，帮助用户准确地重构人脸形状参数、纹理参数、反射参数和表情权值，实现细腻逼真的人脸表情驱动，这种具有表情动作的 3D 人脸建模已成为计算机图形学领域里的热点技术。目前，这种具有写实特征、快速便捷、技术门槛不高、成本较低、具有广泛应用潜力的数字人 AI 建模技术极大地加快了数字人应用的市场化。

第三步：动作捕捉。动作捕捉包括对人体肢体动作、手部动作、头部动作及面部表情等进行捕捉，或者进行动画处理，然后将上述多种动作投射到人体模型上，并进行智能合成，使数字人在语言、动作和表情等方面整体协调。一般来讲，传统的动作捕捉常用的是惯性（机械式）动作捕捉、电磁式动作捕捉、光学（运动式）动作捕捉，技术基础牢固且比较成熟。相比之下，惯性动作捕捉价格低廉，但是误差较大。电磁式动作捕捉的设备体积更加庞大，操作也较为麻烦，精度相对不高，因此应用程度比较低。目前，光学动作捕捉精度相对较高，对环境要求也较高，应用范围较为广泛。计算机视觉捕捉是近几年新兴的动作捕捉技术，虽然开发难度大，但比较易用、低价，已经受到市场的广泛青睐。

第四步：形象驱动。早期的动画电影主要是通过动画制作使虚拟形象动起来的，而数字人的驱动方式主要是真人驱动和 AI 驱动。真人驱动是通过"中之人"对预设脚本进行表演，利用动作捕捉设备与数字人模型之间建立映射关系，将捕捉到的动作等信息与数字人模型绑定，使数字人模型与"中之人"产生联动，一对一模拟真人的肢体动作、表情和语音等，并实时合成，完成预设的表演。AI 驱动是将预设的动作、表情和语音等与人体肢体动作、表情等数据库结合，根据预设脚本的需要，采用计算机算法驱动数字人模型，使数字人的肢体动作、表情和语音等达到预想的效果。现阶段，2D、3D 数字人均已实现嘴部动作的智能合成，能够达到自动对口型的效果。对于表情和动作，当前主要的触发机制是以随机算法或脚本形式进行人工预设的，未来有望通过智能分析的手段实现自动化，使数字人的行为与真人更贴合。

第五步：成品渲染。渲染就是把在计算机中制作的模型投射到现实屏幕上的过程，首先就是将数字人模型转变为显示在屏幕上的一个个具有 RGB 值的像素点，根据现实效果对数字人的外观进行精度调整，并对数字人所处的环境表现和效果进行打造。渲染运用的技术主要是计算机图形学，对顶点位置、颜色、光照等进行综合计算并转化为可显示的像素点，该过程计算量巨大，往往需要强大的计算机硬件和渲染引擎来支撑。目前的渲染引擎能够实现对超写实的毛发、衣物、灯光等进行渲染。

第六步：内容创作。内容是数字人的"灵魂"，需要通过人设打造、表现内容创作和再创作来实现。"人设"是与场景搭配的外形设计、与角色切合的性格设计、满足 IP 运营和品牌打造需要的综合体现，如虚拟偶像，往往需要一个好的 IP、靓丽的外形、活泼的性格、俏皮的语言、优美的肢体动作等，而数字员工需要的则是简约的外形、专业的表达、可靠稳定的性格表现等。内容创作需要根据不同的场景需求赋予不同的"灵魂"，如金融数字员工需要专业的金融知识，虚拟偶像需要唱跳能力甚至编曲能力，养老陪伴型数字人则需要丰富的医疗保健知识和情感的感知、解读和回馈能力。

第一章 数字人的进化史

第七步：交互应用。 数字人的交互功能实现大体上可分为 4 个发展阶段。早期的可视人和 3D 动画虚拟人均没有交互功能，动作捕捉和驱动技术的应用使"真人表演虚拟化"实现后，驱动了数字人实时交互的发展。而 AI 数字人交互能力的提升却是漫长的演进过程，初级智能语音语义技术的应用，使 AI 数字人能够通过单一的问答模式进行简单的交互，即在问题生成的情景下，通过预设的文档实现问答交互。此后，随着智能语音语义技术的进步，以及计算机视觉、深度学习技术、表情数据库、不同情景下的长剧本生成技术、手势和体态数据库等的应用，AI 数字人具备了视觉、手势、推理、语义等多模态交互技术，这是当前 AI 数字人在展示及其他应用场景中最常用的交互技术。随着真人驱动、AI 技术的进一步提升，未来数字人将与真人一样，具有自然感知交互能力。

集大成者才能出大作，可以说数字人是当今数字技术的集大成者。从数字人的制作流程可以看出，数字人的制作涉及诸多数字技术，如计算机外形设计、人体 3D 扫描、动作捕捉、计算机视觉、智能语音合成、渲染、新媒体技术等，但最关键的不外乎建模、驱动和渲染、交互，这些技术使数字人具有人的外形、人的动作和交互能力。

图 4 是采用数字人制作技术创造的美国虚拟音乐人 Lil Miquela。

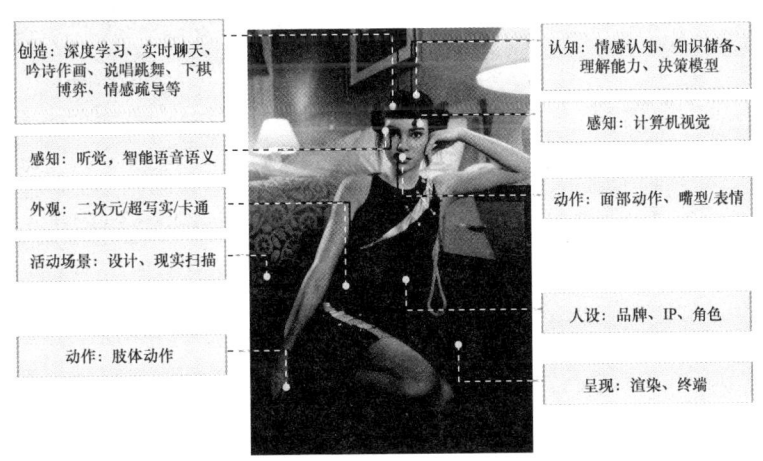

图 4 美国虚拟音乐人 Lil Miquela

（资料来源：根据网络公开资料整理。）

二、让数字人像"人":建模技术

画虎先画骨,给数字人建模犹如给虎画骨。

(一)日益精湛的传统建模技术

建模能够解决人体在计算机三维空间中的数字化表示问题,是将人体数字特征几何化的过程。自 20 世纪 90 年代开始,基于"可视人计划"研究成果,各国成功构建了人体测量学数据库,为人体建模提供了可靠的特征参数。3D 动画电影的发展推动了建模软件的诞生和进步,基于人体测量学数据构造皮肤网络、骨骼关节、动态变形的建模方法,也是人工雕刻建模的最主要原理。目前,基于 3D 建模软件的人工雕刻法是能够重建集骨骼层、中间层(肌肉、脂肪等)、皮肤层,以及动态变形于一体的多层建模方法,可构造出极具真实感的三维人体模型,但建模复杂度高。由人体运动带来的参数变化计算量极大、耗时长,技术门槛高,成本也较高。因此,这种建模方法多用于高端定制的特殊场景,如动画电影中的特定情景。

目前的建模方法多是基于皮肤层的建模方法,如线状建模、组合建模和网格建模,这些方法大大降低了建模的技术门槛,也极大地促进了建模技术的通用化。线状建模利用多条弧线或直线拼接出模型的基本轮廓:先画出单个物体的雏形,即高、低、左、右的线条,确定位置和大小;再画出单个物体的具体形状,包括结构线、明暗交界线、投影线及衬布的形状,但不能体现人体的皮肤等生物信息。组合建模能够表达出比线状建模更多的三维信息,其将人体分割成多个组件并拼接成人体模型,人体模型的精细程度可通过增加组件来完善。网格建模时先利用传感器收集人体数据点信息,并解析出位置、光线、材质、温度、关系等关键数据,然后利用直线将有关系的点连接起来,生成人体模型。网格建模能够表达出比组合建模更多的生物信息,并具有真实性、动态性和独立性特征,能够在运动的过程中对每个点进行操作,计算每个点所在的位置,并生成新的网格,这也是当前用得比较多的方法。

具体来讲，网格建模主要采用 3D 扫描采集数据点，具体技术包括相机阵列扫描技术和动态光场重建技术。相机阵列扫描技术只需要很短的采集时间，利用多台相机采集到大量的面部和身体数据，目前可实现毫秒级高速拍照扫描，通过算法处理获得原始的三维人物模型数据，成为当前人物建模的主流方式之一。目前世界上最前沿的建模技术是动态光场重建技术，主要通过采集人体数据搭建精细的几何模型，还可以获得动态数据（在不同角度下的明暗分明的光照信息），高品质重现不同视角下的光影效果，成为数字人建模的重点发展方向。其中，最新的动态光场重建技术可以不管物体模型和表面材质，对空间中各个角度下的所有光线的方向和角度进行采集，在渲染时对场景中的光照反射和阴影进行重组输出，让人们看到更真实的三维世界。目前，这项技术因成本高且难以运输组装，尚未在业内普及，国内清华大学等单位已经推进相关研究的开展。

（二）深度生成模型：AI 建模的正反面

2017 年，好莱坞女星盖尔·加朵的伪造人脸视频被发布在国际互联网社区"Reddit"上，掀起了一阵轰动。以此事件为开端，人脸深度伪造技术迅速兴起。

深度伪造技术共有 3 个技术路线，一是传统的"人脸变换"技术，二是基于计算机图形学的高真实度换脸技术，三是基于深度伪造技术的智能换脸技术。

深度伪造技术（换脸技术）的核心原理是深度生成模型，通过学习可观测样本的概率密度并随机生成新样本的模型。相对于其他判别模型，深度生成模型训练难度大、模型结构复杂，但除了能够生成新样本，深度生成模型在图像重构、缺失数据填充、密度估计、风格迁移和半监督学习等应用领域也获得了巨大的成功，这主要得益于计算机性能的不断提升，以及神经网络、深度学习、计算机视觉等研究成果的应用。

近年来，深度学习中的受限玻尔兹曼机、变分自编码器、生成对抗网络、流模型、自回归网络等生成模型被用到人脸生成技术中，实现了人脸的高真实度生成或替换，即深度伪造技术。深度伪造技术主要针对人脸进行，它可以将目标视频中的人脸替换成指定的原始视频中的人脸，或者让目标人脸重演、模仿原始人脸的动作、表情等，从而制作出目标人脸的伪造视频。2019年非常流行的"ZAO"App和2020年上线的"去演"App就是在人脸深度伪造技术基础上诞生的换脸软件，用户可以用自己的脸去替换部分影视剧片段中演员的脸，体验一把"当明星"的感觉。此外，抖音、Avatarify等知名的社交软件也提供了换脸相关的新功能，用户可以用自己的表情去驱动一些人物的静态肖像，让他们做出跟自己一致的表情，使静态人物"活化"。但人脸伪造可能会对当事人造成隐私和名誉的侵害，或者给不法分子以可乘之机，操纵特定人物肖像发布虚假信息、误导舆论、侵蚀社会信任，甚至能够将换脸技术用于国家政要，发布涉及国防外交的虚假视频，导致严重的政治危机。

深度伪造技术如今也被逐渐应用到数字人制作中，尤其在韩国更为盛行。利用虚拟人脸与真人身体组成的数字人更具有真实性和商业可塑性，因此打造具有高识别性脸部模型的数字人也成为不少制作企业的发展方向。

三、使数字人动起来：驱动技术

如果说建模如"素描打形"，那么驱动就犹如"皮影演戏"。驱动技术使数字人具备人的动作功能。

（一）动作捕捉：真人驱动的底层技术

对于互动型和非互动型的数字人，驱动方法是不同的。非互动型数字人主要通过动画驱动技术，如关节动画技术、动作编辑技术、角色造型技术等使数字人动起来。互动型数字人，如虚拟偶像，则多以 AI 驱动或真人驱动的方式让数字人动起来。

真人驱动数字人与 AI 驱动数字人之间的区别见图 5。

第一章 数字人的进化史

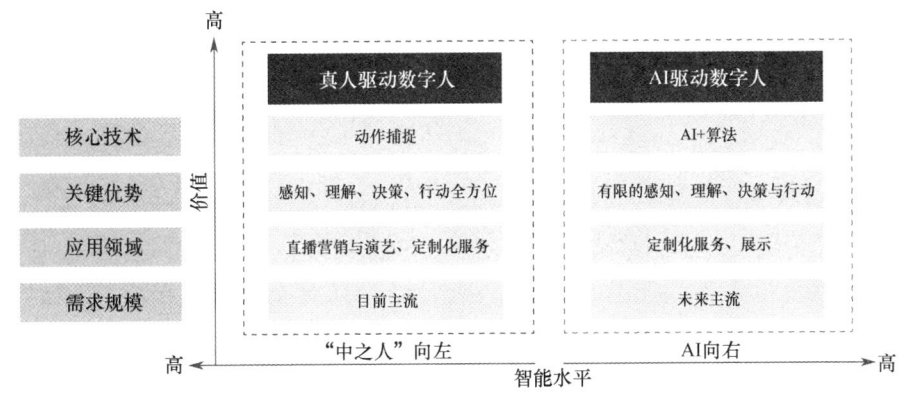

图 5 真人驱动数字人与 AI 驱动数字人之间的区别

（资料来源：根据网络公开资料整理。）

从核心技术上来看，AI 驱动利用 AI+算法将预设文本生成对应的语音及动画，最终合成音视频；真人驱动通过动作捕捉技术实时捕捉真人的动作和表情，技术难度和投入成本都非常高，需要进行 3D 建模、骨骼绑定、面部绑定、实时渲染，以及专业的动作捕捉设备等。

动作捕捉是让数字人"动"起来的关键技术，其原理是通过传感器把捕捉到的动作信息迁移到数字人上，驱动数字人动起来，而动作的连贯程度取决于信息传输的效率。目前，真人驱动数字人主要靠光学动作捕捉和惯性动作捕捉实现，而基于计算机视觉技术的动作捕捉（视觉动作捕捉）正成为发展热点。

光学动作捕捉利用高速摄像机阵列对演员身上的特定光点进行监视和追踪，从而完成运动捕捉，最常用的方式是在演员身上粘贴能够反射红外光的马克点，通过摄像机对反光马克点的追踪，实现对演员动作的捕捉。这种方式的动作捕捉精度高，但对环境的要求也高，并且造价高昂。

惯性动作捕捉系统主要包括数据采集设备、数据传输设备、数据处理单元三部分，即利用绑定在人体特定骨骼节点上的惯性传感器采集数据，数据处理单元通过惯性导航原理对采集到的数据进行处理，从而完成对运动目标的姿态角度测量。惯性传感器和连接线的外壳具有温度补偿和防水的特性，适合在水下、雨中或冷（热）气候条件下使用，受环境的影响较小，使用便捷，价格相对低廉，为行业使用者提供了高性价比的解决方案，但精度相对较低。

数字人：元宇宙的先锋

基于计算机视觉技术的动作捕捉主要利用光学高速相机在不同角度拍摄，来采集人体运动状态的数据信息并进行分析，是近年来才兴起的新型动作捕捉方式。这种动作捕捉方式不需要穿戴动作捕捉设备，简单易用，软件操作界面简单且性能稳定，能满足多场景下人体骨骼运动变化及追踪定位的要求，成本较低，多用于消费级市场。

视觉动作捕捉一般分为人脸面部表情捕捉、人体四肢动作捕捉、人手动作捕捉3个方面。人脸面部表情捕捉需要对人脸关键点信息进行捕捉，采用面部动画、机器视觉等技术实时跟踪人脸关键点的变化，并创建面部表情动画。人脸面部表情捕捉广泛应用于表情动画和虚拟直播等领域。人体四肢动作捕捉主要通过摄像头采集人体四肢关节的位置信息，进而确认运动轨迹，以识别和确认人体的动作，这些动作类别可以是跑步、跳跃、蹲起等，该技术在动作识别的基础上还能够集成动作计数、动作标准度检测等应用。人手动作捕捉主要通过摄像头获得手部关键点位置数据，并将手部动作信息与数字人手部绑定，驱动数字人手部动作。目前，视觉动作捕捉技术已经能够利用手机自带的摄像头完成基础的动作捕捉，这种便捷、低成本的动作捕捉方案成为虚拟主播等领域应用的首选。

总之，这3种动作捕捉技术各有优势，适用于不同场合，一般来讲，精度越高，成本也越高。光学动作捕捉一般应用于3D动画电影制作等对精度要求较高的场合；惯性动作捕捉和视觉动作捕捉成本较低，因此数字人制作常采用这两种动作捕捉技术。

主流动作捕捉方案性能对比见表6。

表6 主流动作捕捉方案性能对比

方案	精度	抗遮挡能力	对环境要求	硬件成本	算法开发难度	应用公司
光学动作捕捉	高	低	高	高	中	Vicon、OptiTrack
惯性动作捕捉	低	高	低	中	低	Xsens、Noitom
视觉动作捕捉	低	低	低	低	高	微软Kinect

资料来源：国盛证券《虚拟人的"灵魂"是什么？》。

不过，真人驱动型数字人的装备价格虽有所降低，但整体造价同样不菲，尤其是光学动作捕捉驱动设备，一部高速光学相机价格高达数十万元，数十台高速光学相机价格可能达上千万元，加上形象设计、建模及"中之人"等运营成本，每个数字人总体造价在 3000 万元左右。在高成本的压力之下，基于计算机视觉技术的新型驱动方式以极具成本优势的特点成为最有潜力的替代方式。

在智能水平上，真人驱动数字人的智能水平与真人无异，在感知、理解、决策和行动方面均能映射真人的表现，是目前应用类型最多的数字人。

目前，真人驱动型数字人被广泛应用于直播领域，这主要是因为每一个直播偶像的背后都有一个真人来驱动，即"中之人"。因此，真人驱动型数字人在沟通、表达和思考方面都与真人无异，无论是直播卖货还是品牌代言，都能与粉丝建立起长期的情感连接。在"中之人"的带动下，真人驱动型数字人的粉丝付费意愿高，赚钱能力强。2016 年 12 月，采用"CG 建模+真人动作捕捉"技术的首个虚拟主播——绊爱横空出世，其可爱美萌的形象、治愈的直播内容、互动感极强的沉浸式直播，使其出道便大获成功，人气一路攀升，仅 4 个月便收获超 40 万的关注。绊爱的成功，一方面是由于动作捕捉及实时渲染技术具备了一体化应用的条件，并且相关设备的价格大幅降低，打造真人驱动数字人的成本也随之下降；另一方面是因为真人驱动数字人主播的互动性强、用户黏性高，即生产即用，生产周期短，更容易变现。2018 年 2 月，绊爱相关频道达到 100 万的订阅，成为 YouTube 平台最早突破百万订阅的虚拟主播！2022 年春节期间，绊爱线上演唱会"Hello World 2022"，获得了 36.26 万元营收及 B 站高达 1065 万的人气值。

在直播与在线游戏等深度体验、高度互动领域，真人驱动型数字人是不二选择，而"中之人"却是真人驱动型数字人的灵魂。数字人的成功与否，以及商业生命周期的长短都取决于"中之人"。与数字偶像深度绑定的"中之人"及为其打造人设的运营团队直接决定了数字人的生死，真人成为数字人最大的不确定性因素。这也是很多数字偶像出道后无人问津、运营中途翻车、"中之人"流失后休眠的原因。如今的绊爱，因缺乏内容创新能力，人气大幅下滑，运营公司又因增加"中之人"导致粉丝不满并大规模取关，绊爱不得不无限期休眠。虚拟偶像团队 A-SOUL 因爆出"中之人"经纪公司工资待遇低、工作强度高等纠纷问题，引起粉丝不满，并给 App 刷低分以示抗议，角色"塌房"随之而来。

（二）AI 算法驱动

2022 年 6 月 7 日，在全网热议高考作文"本手、妙手、俗手"难度之际，百度 AI 数字人度晓晓 40 秒完成了 40 多篇文章，平均 1 秒 1 篇，随机抽取其中一篇，被语文名师申怡评为 48 分（满分 60 分），该分数约超过 75% 的考生。度晓晓除了能创作高考作文，还能进行 AI 绘画、创作歌曲，还曾作为工人日报特派"AI 记者"，采访五一劳模代表等。以 AI 驱动的数字人在感知识别、分析决策、知识创造等方面的智能水平得到大力提升。

从无法交流到侃侃而谈，AI 驱动数字人需要模拟人类的学习、理解、思考和训练，即知识搭建、语义理解、语言处理和自主学习四大过程。知识搭建包括预设问答、一问一答、多人交互等不同情景下的知识库构建；语义理解是让 AI 数字人知道用户在说什么、做什么，无论是文本对话还是语音对话，都要让 AI 数字人知道用户的话中含义；语言处理即知识匹配，AI 在理解用户的意图之后，结合知识库的信息，通过计算得出最优解，并能从用户的话术、情绪和喜好等方面综合出发，给出最合理的应答和推荐；自主学习是一个反馈的过程，对错误应答、无匹配应答、正确应答、最优应答、智能应答形成计算机记忆，并反复训练，使数字人越来越智能。

AI 驱动数字人的文本驱动过程见图 6。

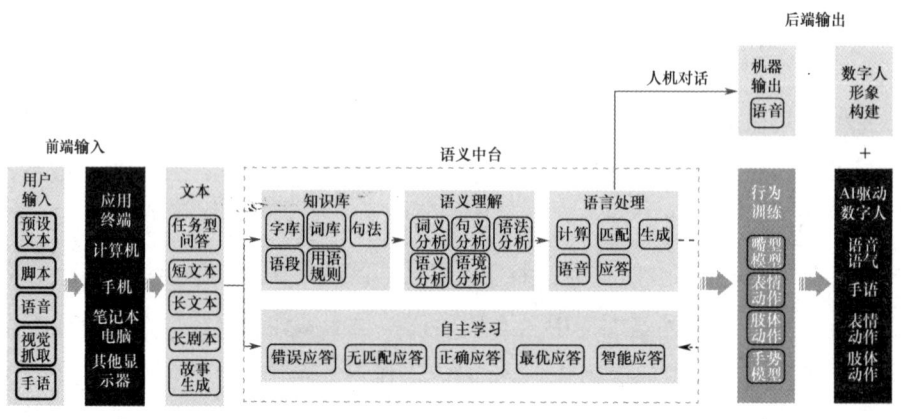

图 6　AI 驱动数字人的文本驱动过程

AI 驱动数字人的核心技术是云计算模型训练与深度学习技术，其中模型包括智能语音语义匹配算法模型、行为算法模型、表情算法模型等，在不同的发展阶段，AI 驱动数字人也经历了预设短文本驱动（问答模式）、长文本驱动（表演模式）、剧本编排驱动（多模态交互模式）3 个阶段（见图7）。

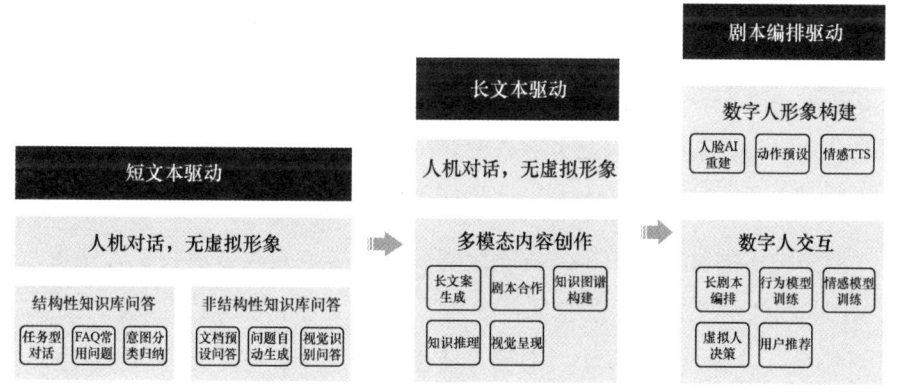

图7　AI 驱动数字人的 3 个阶段

（资料来源：达摩院阿里小蜜。）

实现人机对话的有效方法是通过文本驱动机器实现自主语音功能。从搭建简单的问答知识库做起，首先通过设定任务型对话进行简单的交流，利用意图分类归纳实现多问题重复对话，以及构建知识库匹配问答等，使数字人进行特定情景下的短暂交流，这就是结构性知识库问答的实现过程。要想实现从简单问答模式到长时间对话模式的提升，则需要利用长文本驱动语音交流，即利用长文案生成、剧本合成、知识图谱构建、知识推理和视觉呈现等多模态的内容创作功能驱动智能语音交互，这就实现了人机的非结构性对话。随着深度学习和计算机神经网络的应用，行为训练模型、情感训练模型之间的映射关系建立起来，数字人形象被设计出来，AI 驱动数字人便诞生了。长剧本的编排、虚拟人决策模型的应用，再加上不同素材的有机组合和表现，使 AI 驱动数字人具备了长时间的实时交互功能。

但以 AI 算法驱动的数字人，技术门槛高，需要攻克不同场景下长剧本分析与动作模型之间大量计算的技术难题，以及需要闯过在理解、决策、表达等智能水平提升方面的技术难关。通过深度学习模仿人类，达到和人类自然交互的水平，AI驱动数字人还需要大量的技术和资金投入。

四、使数字人形象更真实：渲染

渲染如同绘画的最后一步。在绘画中，首先进行构思，其次将轮廓勾勒出来并搭建骨架，最后铺色，将画面完善。同理，可以将渲染简单理解为经过一系列计算后将场景绘制为二维图片的模型成像过程。它在设计、游戏、电影等各种场景中都有着广泛的应用。

渲染技术的进步使数字人皮肤纹理变得真实，突破了由数字人外表、表情动作与真人的差异带来的恐怖谷效应[①]（尤其是塑料感和蜡像感都会给人类带来不适），高精度的渲染技术使数字人的皮肤达到了与真人无异的效果。

（一）传统渲染与AI的耦合：新渲染技术不断诞生

传统渲染是将制作完成的三维场景成品文件导入专业的渲染软件，如OpenGL、3D MAX等，在对文件重新解析、像素化、图形化（二维化）后，再合成输出，使其在播放终端显示并展示给观众。

传统的渲染技术主要有局部光照模型和全局光照模型两种，局部光照模型呈现的是光源照射到物体表面的效果，而全局光照模型还考虑了物体之间对光照的影响，能更好地反映出明暗变化，使渲染效果更加逼真。传统渲染过程是极其复杂的，就像将实物在纸面上绘制出来一样。整个过程需要渲染软件来完成，计算量十分庞大，尤其是高精度渲染，随着像素分割单元的微米化，软件所要计算的像素参数也是呈指数级增长的。因此，计算机和芯片的计算能力是关乎渲染水平提升的关键。

每一个数字人的制作文件都是巨大的，不仅需要极大的计算机物理存储空间，而且需要使其流畅、逼真运作的空间。传统渲染对软件、硬件的要求均很

---

① 恐怖谷效应：由日本机器人专家森政弘提出，他认为人们对机器人的亲和度随着其仿真程度的增加而增强，但当达到临界点时，亲和度会突然跌入谷底，产生排斥、恐惧和困惑等负面心理。

高，渲染耗时也很长，是对数字人制作效率影响最大的一环。因此，便利、高效的渲染技术一直是业内追求的目标，如改变光栅化的计算方法，利用可微分求导、平滑近似导数、概率分布计算等方式提升光栅化像素参数的计算效率。虽然渲染计算的精度越来越高，但是也进一步增加了渲染的时间。

随着图形处理器（GPU）、云计算、深度学习技术的发展，传统渲染技术与现代计算机技术的综合应用，逐渐诞生了远程渲染、云渲染等新的渲染方式。远程渲染过程是，将渲染任务放在远程服务器中进行，充分利用服务器强大的硬件渲染能力，快速满足用户要求的渲染效果，并以指定的数据形式传回客户端。云渲染过程是，利用网络强大的分布式存储、计算、传输功能，将渲染任务在云端服务器中进行，用户通过应用终端和网络接入访问资源，发出执行渲染的指令，完成渲染后再传回应用终端加以显示。云渲染使渲染过程完全脱离物理计算终端，强大的云端超级计算能力将渲染过程压缩至瞬间，即便是硬件不太好的计算终端也能利用云端实时渲染出效果不错的3D作品。

（二）渲染效率：缩短数字人生产周期的关键

高效率是云渲染的最大优势，无论是真人驱动数字人的交互表现还是AI驱动数字人的交互表现，都能在云渲染后无延迟地在应用终端呈现出来，实现与用户的实时交互。可以说，没有云渲染的应用，就不会有数字人实时交互功能的实现。

云渲染技术一般分为离线渲染和实时渲染。离线渲染在计算时不显示画面，将模型在光线、视点、运动轨迹等不同因素作用下的视觉画面计算出来，更适合应用在电影、游戏等不需要实时直播但对精细度有要求的场景中，制作者可以有充足的时间渲染一帧画面。实时渲染指计算过程与输出过程同时进行，特点是能实时操控、实时交互，对于需要实时交互的场景主要采用实时渲染技术。与离线渲染相比，实时渲染的每帧画面都是根据实际的环境光源、相机位置和材质参数进行渲染的，实时计算与输出数据，可以达到每秒至少 30 帧画面，因此对硬件能力也提出了较高的要求。

目前，随着硬件能力的提升和算法的突破，渲染速度、真实度、画面的分辨率均大幅提升。

实时渲染与离线渲染对比见表 7。

表 7　实时渲染与离线渲染对比

比较项目	实 时 渲 染	离 线 渲 染
定义	图形数据实时计算与输出，每帧都是针对实际的环境光源、相机位置和材质参数计算出的图像	图像数据非实时计算与输出
特点	渲染时间短 计算资源有限 渲染质量欠佳	渲染时间长 计算资源丰富 计算量较大 渲染质量高
引擎	一般公司使用 Unreal 引擎和 Unity 引擎 部分公司自己制作引擎 优点：轻量化，可放置于移动端和车机中 缺点：自己制作引擎，通用性受限	

资料来源：头豹研究院《虚拟数字人应用技术与发展路径》。

今天，在进行面向元宇宙的数字人制作时，更强调边缘侧算力。边缘计算是在靠近数据源头的边缘侧就近提供算力，满足快速连接、实时业务等需求。元宇宙强调虚实结合和实时交互，因此离线渲染是不够的，而实时渲染对算力提出了极高要求，需要在边缘侧处理大量的实时数据，反应速度快，不仅避免了数据传输延迟，而且提升了数据的隐私安全级别、访问效率及灵活性，这种架构与传统的通信算力架构有较大区别。

五、让数字人"活"起来：交互

建模、驱动、渲染完成了静态数字人和动态数字人的制作，"交互"使数字人摆脱"工具人"的特性，成为具有自主活动特性的"人"。

（一）数字人极大地丰富了人机交互方式

人机交互是指通过计算机输入、输出设备以有效的方式实现人与计算机的对话，是为完成确定任务的人与计算机之间信息交换的过程，用户界面是这一通路传递和交换信息的桥梁。但理想的人机交互能够摆脱对机器语言的依赖，在没有键盘、鼠标及触摸屏等中间设备的情况下，随时随地实现人机自由交流，从而实现虚拟世界与现实世界的融合。长久以来，这都是计算机界孜孜以求的梦想，但由于受技术水平的限制，一直无法达到理想状态。

数字人的出现打破了传统的人机交互模式，即人机对话模式，除对话交互外，在行为交互、情感交互、思想交互等方面得到了极大的丰富，包括体态、手势、表情、眼神等行为交互，心理疏导、情感陪伴、人机共情等情感交互，以及下棋博弈、知识交流、创作创造等智慧交流、思想交互。虽然数字人还不能完全摆脱中间设备，但无设备的自由交互形式已经出现，如数字人全息投影下的虚实交互。因此，数字人在推进人机交互技术进步方面可谓功不可没，并且极大地丰富了人机交互的方式，促使人机交互从语言交互发展到全方位人机交互。

人机交互的作用是双向的，一是增强真实世界的人对虚拟世界的感知，二是增强虚拟世界的角色对现实世界的感知和反馈，达到同频、同步、同水平的交互。

增强现实中的人对虚拟世界的感知效果，主要得益于虚拟现实技术的进步和应用。虚拟现实是一种可以创建和体验虚拟世界的计算机系统，它由计算机生成，通过视、听、触、嗅觉等作用于用户，为用户产生身临其境般感觉的交互式视景仿真。虚拟现实一方面需要用户的肌肉运动、姿势、语言和身体跟踪等多个通道的输入信息；另一方面可以从人类的视觉、听觉、触觉、嗅觉等多个感官通道模拟真实世界的感觉。深度参与感和沉浸感是虚拟现实的主要特征，这在当前的VR游戏中可以感受到。

人机双向交互的实现及技术支撑见图8。

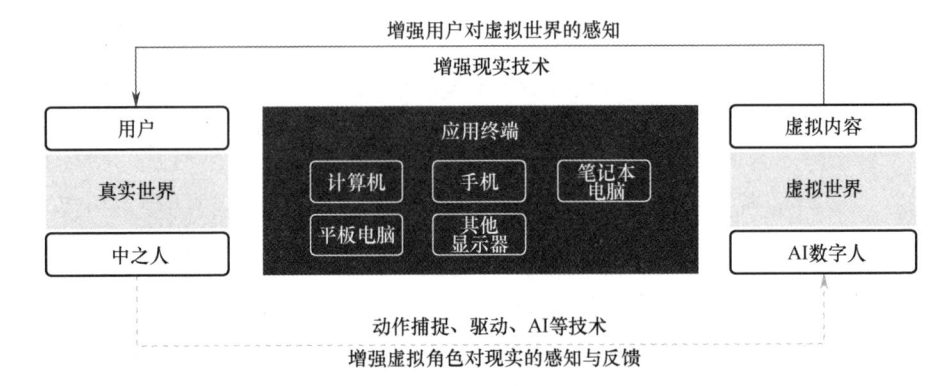

```
                        增强用户对虚拟世界的感知
                            增强现实技术
   ┌────────┐    ┌─────────────────────────┐    ┌────────┐
   │  用户  │    │        应用终端         │    │虚拟内容│
   ├────────┤    │  ┌──────┐┌────┐┌──────┐ │    ├────────┤
   │真实世界│    │  │计算机││手机││笔记本│ │    │虚拟世界│
   ├────────┤    │  └──────┘└────┘│电脑  │ │    ├────────┤
   │ 中之人 │    │  ┌──────┐┌────┐└──────┘ │    │AI数字人│
   └────────┘    │  │平板电脑││其他  │     │    └────────┘
                 │          │显示器│       │
                 └─────────────────────────┘
                        动作捕捉、驱动、AI等技术
                        增强虚拟角色对现实的感知与反馈
```

图 8　人机双向交互的实现及技术支撑

在增强数字人对现实世界的感知和反馈并与现实世界实时交互方面，非数字人莫属。为了提升数字人对现实世界的感知、识别能力，并做出相应的反应，实现与现实用户在语言、眼神、表情、动作和思想方面的交流，不同路径下的多种技术方案被采用，即前文讲到的动作捕捉和真人驱动技术、AI 算法和深度学习技术等。但目前的数字人，在与现实世界的交互方面仍有很多不足，尤其是 AI 数字人，在实时交互方面还有很大的局限性。

（二）数字人交互实现

从交互功能上看，数字人可分为非交互型数字人、延时交互型数字人和实时交互型数字人。长久以来，非交互型数字人一直是主流，在数字作品和虚拟场景中发挥着角色扮演的作用，如动画影视中的虚拟形象、电子游戏中的虚拟角色、直播中的虚拟主持人等，其主要按照预设任务通过计算机程序合成音视频并最终呈现给用户。

非交互型数字人及延时交互型数字人工作原理见图 9。

延时交互型数字人是非交互型数字人和实时交互型数字人之间的过渡形态，其应用场景有限，如应答型延时交互、社交型延时交互等，早期的社交软件 Messenger、ICQ、QQ、飞信等均有延时交互功能，主要通过真人的虚拟形象进行文本信息、语音信息的交互。严格来讲，社交软件中的虚拟形象（头像）并不是真正意义上的数字人，因为每一个虚拟形象（头像）背后都有一个真人，双方通过社交软件中的虚拟形象产生的交互实质上还是真人之间的交互，并不属于虚实交互的范畴。

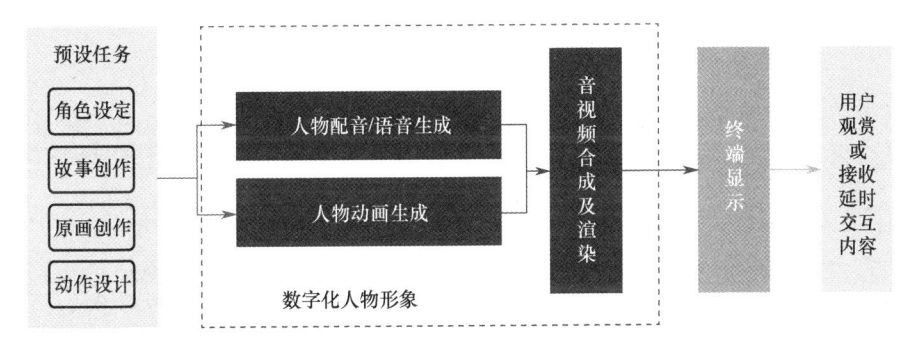

图9　非交互型数字人及延时交互型数字人工作原理

实时交互型数字人根据交互技术路径的不同，可分为真人驱动的实时交互和 AI 算法驱动的实时交互。真人驱动的交互重点是对真人呈现的交互信息进行实时传输，并映射到相应的数字人"皮相"之上，再呈现给用户。

真人驱动的实时交互型数字人工作原理见图10。

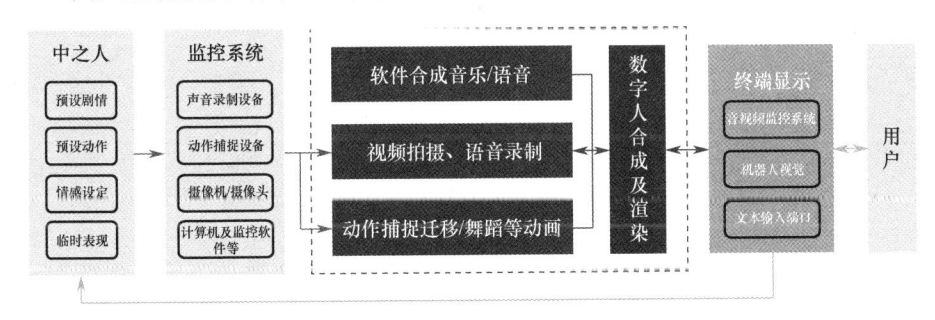

图10　真人驱动的实时交互型数字人工作原理

（三）AI 驱动数字人多模态智能交互

AI 驱动数字人除了能像人一样具有感知能力，还具备更高层级的认知能力和创造能力，如学习、思考、工作、创作等，并且能够与真实世界里的人进行语音交互、行为交互、共情、思想交流等多模态智能交互。这种数字人主要依靠人工智能中的智能语音语义、计算机视觉、深度学习等 AI 技术，实现由"工具人"向"智人"的升级。AI 驱动数字人多模态智能交互的实现过程见图 11。

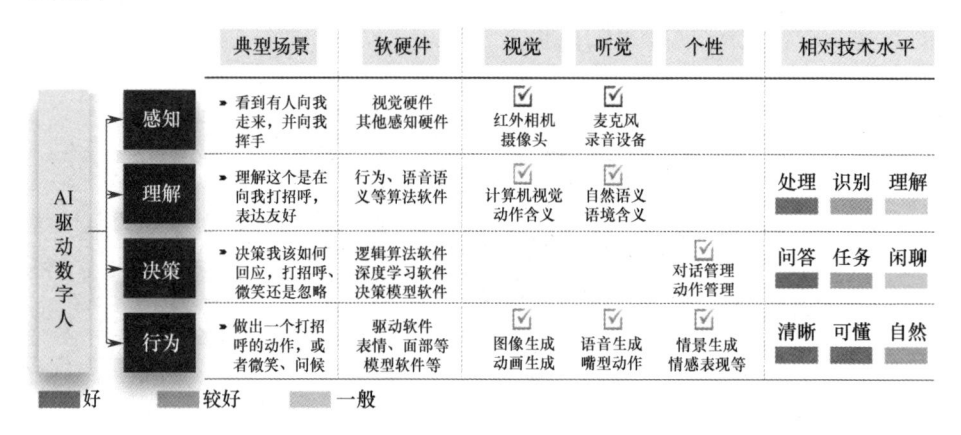

		典型场景	软硬件	视觉	听觉	个性	相对技术水平		
AI驱动数字人	感知	看到有人向我走来，并向我挥手	视觉硬件 其他感知硬件	☑ 红外相机 摄像头	☑ 麦克风 录音设备				
	理解	理解这个是在向我打招呼，表达友好	行为、语音语义等算法软件	☑ 计算机视觉 动作含义	☑ 自然语义 语境含义		处理	识别	理解
	决策	决策我该如何回应，打招呼、微笑还是忽略	逻辑算法软件 深度学习软件 决策模型软件			☑ 对话管理 动作管理	问答	任务	闲聊
	行为	做出一个打招呼的动作，或者微笑、问候	驱动软件 表情、面部等模型软件等	☑ 图像生成 动画生成	☑ 语音生成 嘴型动作	☑ 情景生成 情感表现	清晰	可懂	自然

■ 好　　■ 较好　　■ 一般

图 11　AI 驱动数字人多模态智能交互的实现过程

（资料来源：罗兰贝格整理。）

1. 语音交互：智能语音语义技术

看和听是物理世界生命体最基本的本能，也是人类生物层面的基础能力，主要与我们的五官有关，由眼睛和耳朵来负责，与之对应的 AI 技术分别是计算机视觉（Computer Vision，CV）和智能语音语义技术，这些也是支撑 AI 驱动数字人实现语音交互的关键技术。

智能语音语义包括自然语言处理（Natural Language Processing，NLP）、自动语音识别（Automatic Speech Recognition，ASR）和语音合成（Text To Speech，TTS）等技术。其中，语音合成技术发展较早也较为成熟，并且应用广泛，技术门槛较低，只是合成音仍具有机械感、不够自然。在采用了卷积神经网络算法之后，各大厂商的自动语音识别准确率已基本达到 97%以上，但总体效果和体验还不够理想，开放场景下尤为如此。自然语言处理也被称为自然语言理解（Natural Language Understanding，NLU），俗称人机对话，目前仍处于浅层语义分析阶段，尚需通过大规模数据训练来实现语言的自然交互。

许多科技巨头都推出了智能语音助手产品，如谷歌的 Assistant、亚马逊的 Alexa、苹果的 Siri、微软的 Cortana、IBM 的 ViaVoice、百度的 DuerOS、阿里巴巴的阿里小蜜、腾讯的腾讯叮当、华为的小艺、三星的 Bixby 等，一批诸如 Nuance、科大讯飞、云知声这样的语音技术企业也逐渐发展壮大起来。其中，Nuance 是全球最大的语音识别公司，曾为苹果、亚马逊、三星、诺基亚等科技巨头提供过语音技术解决方案。例如，苹果 Siri 就是苹果与 Nuance 合作开发的智能语音助手。科大讯飞是我国智能语音语义行业的头部企业，其语音技术解决方案的语音识别准确率已达到 98%。

在语音技术成熟的基础上，要使数字人"能说"，则还要使语音与嘴型、面部动作相匹配。语音驱动嘴型和面部动作生成技术可以快速构建基于数字人的应用，主要通过文本和语音输入，利用 AI 算法生成对应的表情系数，从而完成对数字人嘴型和面部表情的精准驱动，真正使数字人具备"听"和"说"的交互能力。

2. 视觉交互：计算机视觉技术

计算机视觉是利用计算机来模拟人类视觉，从抓取的图像或视频中识别出物体、场景和活动的能力，从而做出相应的决策和反应，是 AI 数字人完成视觉交互的关键技术，也是人工智能技术落地较为成功的技术之一。

谷歌、微软、Meta、百度等科技巨头，商汤科技、旷视科技、云从科技、依图科技、聚力维度、新加坡 Trax 等国内外人工智能企业，都是全球计算机视觉市场的角逐者。国外公司大多重视底层技术研发，提出整体解决方案，积极建立开源生态体系。例如，谷歌的 TensorFlow、Meta 的 PyTorch、微软的 CNTK 等都是支持计算机视觉技术的开源框架。而国内公司大多基于其核心算法直接开发行业解决方案，商业化路线较为明确。例如，商汤科技、旷视科技等公司的人脸识别解决方案，已经应用在卡口安检、场所管控等领域。

总体来说，计算机视觉是应用最广泛的人工智能技术之一。由于许多开源框架都可以应用于计算机视觉领域，因此进入该领域的技术门槛越来越低，众多厂商的技术水平也基本趋同，商业模式显得更为重要。未来，那些与行业应用深度绑定，有数据流量入口且可以不断优化算法和服务的企业，将有更大的概率在这一红海市场中胜出。

3. 行为交互：AI 驱动肢体语言表达

在数字人的制作过程中，AI 的价值在于大幅降低真人驱动数字人的动作捕捉成本，简化形象设计、建模、动作捕捉等制作流程，并让数字人通过文本驱动实现行为交互。例如，数字人一个简单的皱眉动作，将牵动骨骼、肌肉、皮肤的一系列变化，真人驱动数字人需要"中之人"在现场，并且具备特别精细的面部动作、表情、眼神等捕捉技术，成本高、过程复杂。此时，AI 的价值就体现出来了，利用不断训练的 AI 技术，在输入文本与输出语音、嘴型、视觉、面部及头部动作、肢体动作等之间建立映射关系，通过模型训练得到输入任意文本均可以驱动数字人相应动作的数据算法模型，或者通过一种随机策略将预设的动作循环利用，使其具有实时互动的能力，这是目前 AI 驱动数字人动作生成的主要方式。

在行为交互方面，手势交互是最基础的一环，手势识别作为一种简单、便捷的交互方式，具有特别广泛且特定的应用场景，如手语主播数字人。手势识别技术的生物学基础是手势交流，主要基于计算机视觉技术，通过提取手势图像的特征，完成对手势图像的识别，并做出相应的回应。目前，在技术的推动下，手势交互逐渐流畅和真实。

对手语播报数字人来说，最重要的是建立手语知识库，即先对真人手语信息进行采集，即手势动作捕捉，然后运用算法模型生成智能手语知识库，最后利用文本驱动原理，驱动数字人进行自然、流畅的手语播报。"冬奥手语播报数字人"系统在完成了对《国家通用手语词典》收录的 8214 条通用手语采集和录制的基础上，以听障群体的习惯手势为语法标准，开发出完整的手语系统，确保更好地服务听障群体。由于当前国内缺少较完善的手语语料数据，在研发过程中，研发人员邀请了 40 余位聋人老师及手语专家进行手语文本转写和技术指导，并进行了大范围听障群体评测，最终构建了符合国家通用手语规范的国内最大规模多模态手语语料库，形成了总规模超过 10 万的词汇及语句手语库。

手语播报数字人不仅拥有生动的表情神态、丰富的肢体语言，还拥有一个能够理解、翻译语音和手语的数字双轮驱动虚拟数字脑。它配置了高速、准确的数据采集装置，涵盖嘴型、表情、姿态、手部动作等多种素材。为了提高冬奥播报的准确性，研发团队专门构建了冬奥手语语料库，包括多模态肢体动作、表情、手指动作等语料，专门训练数字脑掌握手语表达的方法。同时，手语数字脑可以通过计算机模拟听障人士的大脑，将看到的中文文本信息实时转换成手语词汇序列。

4. 智能交互：深度学习

自主学习、逻辑训练、积累经验、自我升级……这是人类之所以是"智人"的根本原因。但数字人作为人类的"模拟品"，在有了"形"和"能"之后，能够进行"思想交流"（交互）也是数字人技术发展的关键。

2006 年，加拿大多伦多大学教授杰弗里·辛顿提出了深度学习的概念，极大地发展了人工神经网络算法，提高了机器自学习的能力。例如，谷歌大脑团队在 2012 年使用深度学习技术，成功让计算机从视频中"认出"了猫。随着算法模型的重要性进一步凸显，全球科技巨头纷纷加大了这方面的布局力度和投入，通过成立实验室、开源算法框架、打造生态体系等方式推动算法模型的优化和创新。目前，深度学习等算法已经广泛应用在自然语言处理、语音处理及计算机视觉等领域，并在某些特定领域取得了突破性进展，从有监督式学习演化为半监督式学习、无监督式学习。

深度学习就是学习样本数据的内在规律和表示层次，能够让应用对象像人一样具有分析、学习能力，能够识别文字、图像和声音等数据。深度学习的概念源于对人工神经网络的研究，通过组合低层特征形成更加抽象的高层表示、属性类别或特征，以发现数据的分布式特征表示。研究深度学习的动机在于建立模拟人脑进行分析学习的神经网络，以模仿人脑的机制来解释数据，如图像、声音和文本等，从而使数字人具有理解的能力。

深度学习技术是使数字人具有人的认知能力和创造能力的关键。人的认知能力一般分为理性认知能力和感性认知能力。理性认知能力一般包括构建知识体系、语义理解、决策，分别对应 AI 技术中的知识图谱（Knowledge

Graph，KG)、自然语言处理（Natural Language Processing，NLP)、智能决策系统（Intelligent Decision System，IDSS)。感性认知是指利用 AI 构建情感识别功能，即数字人主观感受对于需求的满足程度（数字人情感模型及认知方法研究)，主要通过数字人情感模型，包括需求、感受、情感价值评估及情感意图等模型来实现，该模型接受虚拟视觉信息输入，以内部变量的形式产生虚拟感受，以该感受为基础产生情感，并选择合适的方法将其表达出来。

数字人在经过大量学习（知识储备）的基础上，以及在具备语义理解能力后，主要通过 AI 算法搭建逻辑分析能力框架来输出，这与机器学习是不同的。深度学习与人类的"思考"有些类似。思考是根据经验得出规律，再用规律预判新问题的结果的过程；而机器学习是利用数据训练出模型，再用模型对新数据做出推断的过程。

值得一提的是，深度学习既是实现机器学习的一种技术手段，又扩展了机器学习的范畴和功能，其本质就是用深度神经网络处理海量数据。传统的机器学习是先把数据预处理成各种特征，然后对特征进行分类，分类效果取决于特征选取得好坏。因此传统机器学习的大量时间都用在了寻找合适的特征上。而深度学习是把大量数据输入一个非常复杂的模型，让模型自己探索有意义的中间表达。其优势在于让神经网络自己学习如何抓取特征，因此可以将它看作一个特征学习器。需要注意的是，若训练数据比较少，则深度学习的性能未必比机器学习好。机器学习与深度学习的区别见图 12。

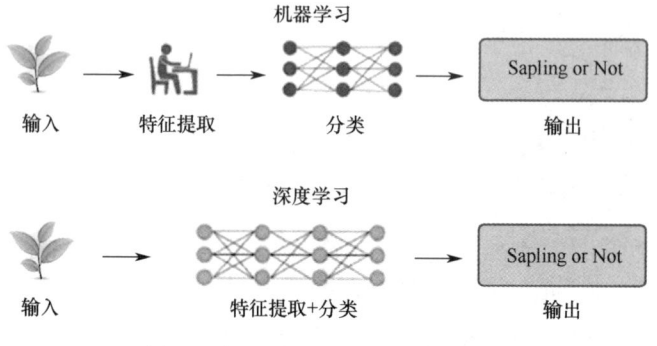

图 12 机器学习与深度学习的区别

5. 自然交互：虚拟触觉

数字人在模拟人的视觉和听觉方面发展迅速，但在嗅觉、味觉、触觉方面则出现"偏科"的情况。目前，数字人在触觉反馈技术方面应用还比较少，冷、热、酸、甜、辣、痛等触觉和感觉系统虽有初步的研究成果，但数字人的感觉反馈依然以动作驱动为主。丰富的视觉和声音虽然能给人带来丰富的观感体验和听觉盛宴，但体感还未真正实现。在奇妙的虚拟世界里，"触手可及"的感觉能不能实现呢？

可以预见，"虚拟触觉"技术将会是未来一个比较热门的研究领域。目前，"虚拟触觉"已有了一定的研究成果，如通过 AI 与传感器结合，来感知压力、温度和震动的感觉，增强虚拟世界的真实感。另外，科学家利用地震波的原理，开发了一套统一的触感尺度系统，并找到了"受体深度与波长之比是恒定的"规律，研究人员也由此找到了通用的规则，与虚拟现实系统整合，将虚拟现实技术又向前推进了一大步。可见，将"虚拟触觉"技术用到数字人制作中为时不远。

总体来说，AI 驱动数字人有几大技术点。首先数字人要有感知，包括视觉感知与听觉感知，即能看得见、听得懂、会思考、能回答、能呈现，涉及多维度的技术点。例如，看得见涉及识别物体、识别表情、识别图像等；听得见指语音识别，将听见的声音转换成文字去理解，达到听得懂的状态，涉及自然语言理解；理解之后还需要回复，涉及知识图谱；如何回复（是生成声音还是生成图形）涉及语音合成技术。目前，由于技术水平的限制，AI 驱动数字人的智能水平还比较低，仅能应用于特定场景，或者对预设场景进行展示，还不具备消费级、大规模应用的条件。

第三节 数字人从何处来，往何处去

数字人已经来到我们的生活中，也将无处不在。罗马不是一日建成的，数字人也不例外，它经历了一个非常漫长而复杂的演变过程，并且呈现出一些阶段性的特征。未来，数字人的发展之路也将依靠人类去探索。

一、从首位数字人说起

20 世纪 90 年代，信息革命在全球范围内进行得如火如荼。在世界各国提出建立信息高速公路之际，一些国家开始研究人体信息的数字化，以美国的研究计划为先导，在世界范围内掀起了一波跟进研究潮流。

（一）重现上帝之手：人体重建

1991 年，死刑犯瑟夫·保罗·杰尼根（Joseph Paul Jernigan）将自己的遗体捐献给科学研究。随后不久，他的遗体在美国科罗拉多大学医学院的实验室被切割成厚度为 1 毫米的横切片。实验人员利用计算机断层扫描（CT）、磁共振成像（MRI）、数字减影血管照影（DSA）等技术手段，获取到 56GB 的彩色光学截面图像和组织器官断层扫描图像等二维数据，再利用软件将数千张图像整合到一起，最后利用计算机图像重构技术建造三维虚拟人体。

上述研究就是 1989 年美国国立医学图书馆提出并立项的可视人体计划（Visible Human Project，VHP），这也是世界上第一个研究人体信息化的项目。至此，人类历史上的第一个数字人就诞生了，人类以自己的形象为蓝本，创造出了虚拟世界中的第一个"亚当"。

（二）活在计算机里的人：虚拟人体

以杰尼根为蓝本的数字人仅仅是存储在计算机硬盘里、以二维图像为主的人体数据的拼接和堆砌，并不具有人体的任何功能，更不具有人的任何意念和智能。

可视化人体项目的研究主要经历了三个阶段。第一阶段是数据采集阶段，首先选择合适的人体，通过对该人体进行冷冻、切割、扫描、拍摄来获取分割图像数据。第二阶段是人体数据处理阶段，通过对第一阶段获取的数据进行开发，把人体二维图像分割成更小的单元，直至达到曲面拼接的要求，最后通过三维重建，拼接出三维的器官和人体影像。第三阶段与动画、投影等技术相结合，使人体及其部分器官具备简单的动作功能，或者对病灶进行模拟，形成包括精确、可量化、可重复使用的生理数据在内的虚拟人体知识库，以满足不同医学研究和临床应用模拟等领域的需要。更重要的是，对人体骨骼、肌肉、神经系统的数据化为动作捕捉技术的人体关节点选择、神经感应器的穿戴和肌肉运动数据的采集奠定了基础。

自此以后，数字人开始逐步向国防、航空航天、军事模拟训练、国防等领域拓展，尤其是美国可视人体计划的成功引发了世界各国的追随，对数字人的研究也很快拓展到全世界，这为后续的广泛应用打下了基础。在数字技术和文化娱乐内容的碰撞下，数字人的发展更是进入了快车道。全球主要国家早期的数字人研究进程见图13。

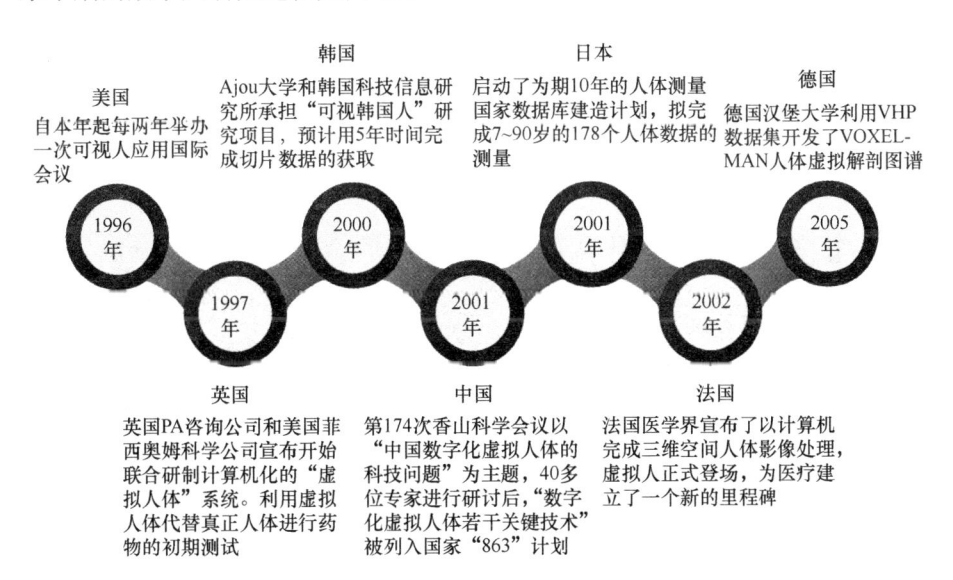

美国
自本年起每两年举办一次可视人应用国际会议

韩国
Ajou大学和韩国科技信息研究所承担"可视韩国人"研究项目，预计用5年时间完成切片数据的获取

日本
启动了为期10年的人体测量国家数据库建造计划，拟完成7~90岁的178个人体数据的测量

德国
德国汉堡大学利用VHP数据集开发了VOXEL-MAN人体虚拟解剖图谱

1996年　1997年　2000年　2001年　2001年　2002年　2005年

英国
英国PA咨询公司和美国菲西奥姆科学公司宣布开始联合研制计算机化的"虚拟人体"系统。利用虚拟人体代替真正人体进行药物的初期测试

中国
第174次香山科学会议以"中国数字化虚拟人体的科技问题"为主题，40多位专家进行研讨后，"数字化虚拟人体若干关键技术"被列入国家"863"计划

法国
法国医学界宣布了以计算机完成三维空间人体影像处理，虚拟人正式登场，为医疗建立了一个新的里程碑

图13　全球主要国家早期的数字人研究进程

（资料来源：根据网络公开资料整理。）

（三）初代数字人的高级形态：超写实数字人

2022年6月1日，新华社首个超写实数字人"筱竹"在端午节宣传片上

数字人：元宇宙的先锋

精彩亮相，她能歌善舞、思维敏捷，举手投足间带着一股侠气，通过一段颇具创意的中国风舞蹈瞬间就抓住了国人的心。"筱竹"将在元宇宙中作为中华文化的一个符号，成为传承民族精神、传播中华文化的载体。

超写实数字人是将人体信息化数据，利用一组以计算机 3D 图形技术为主的超写实 3D 技术，包括高精度的场景生成、超真实的实时渲染、全息 3D 投影、裸眼 3D 显示器触觉反馈、控制输入等技术，结合 VR 脚本的设计，实现人物角色的设定。如今，超写实数字人作为数字人的一种，已经成为一个庞大的群体，"筱竹"作为我国超写实数字人的一员，是数字人领域最具中国特色的代表之一。

目前，超写实数字人是医学分割图像型数字人的最高形态，是通过叠加现代计算机技术、人体工程技术、人工智能技术、文化创意和设计等，进行 IP 孵化和运营来实现的。超写实数字人"筱竹"就是通过构建数字化的肌肉仿真系统、数字人体征数据库（Loki Dataset）、表情捕捉及表情迁移系统（Loki Emotion System）等，由新华媒体创意工场优秀导演团队和设计师全程参与创意而制作的优秀成果，是科技和艺术完美结合的产物。超写实数字人"筱竹"及其肌肉仿真系统见图14。

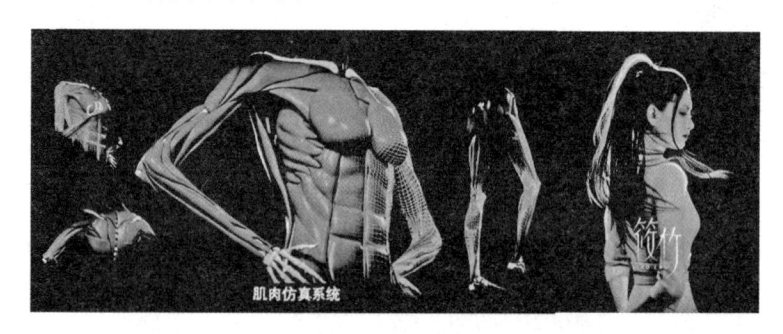

图14 超写实数字人"筱竹"及其肌肉仿真系统

（图片来源：奥丁科技供图，根据网络公开资料整理。）

二、数字人的商业化道路

数字人走向商业化起源于日本。日本雄厚的动漫文化氛围及国际化的二次元市场，为数字人的商业孵化提供了出口和通道。虚拟歌手、虚拟偶像在诞生后的极短时间内获得了日本众多年轻人的喜爱。

（一）日本宅文化催生虚拟偶像

20 世纪 80 年代，微型计算机诞生，数码时代来临，日本经济泡沫破裂，随之而来的是大规模失业潮，宅经济开始流行，动漫产品成为宅经济的主要消费内容。《超时空要塞》的主角林明美发布偶像专辑，成为一个现象级虚拟歌手。随后日本又陆续推出了虚拟乐队 FIRE BOMBER，以及虚拟偶像 EVE、藤崎诗织。Horipro 公司开发了 3D 虚拟偶像伊达杏子等，并很快传到了韩国，韩国 Adamsoft 公司推出了虚拟歌手 Adam，使虚拟流行音乐偶像成为时代趋势。Adam 之后，韩国还推出了 Lusia、Cyda 等虚拟偶像，英国诞生了 Gorillaz 乐队等。这时期语音合成软件 "VOCALOID" 开发升级，为世界级虚拟歌姬 "初音未来" 的诞生提供了条件。

初音未来给了很多粉丝直接与 "偶像" 进行交互的空间和机会，2011 年被丰田汽车广告引入西方市场后，迅速走红。2012 年，初音未来的 "姊妹" 洛天依在中国诞生。2016 年，虚拟偶像 Lil Miquela 在 Instagram 上首次露面。2018 年，由英雄联盟旗下 RiotGames 公司开发的 K-POP 女子虚拟偶像组合 K/DA 在当年的英雄联盟世界锦标赛上亮相，虚拟偶像在全球范围内进入爆发期。

（二）商业数字第一人：初音未来

作为虚拟偶像中最具代表性的一位，初音未来已经陪伴粉丝超 15 个年头，成为当今世界影响力最大的、在二次元圈内家喻户晓的明星。不可否认的是，基于日本的二次元文化，叠加了极高的音乐创作热度和游戏、画册、手办等衍生产品的初音未来，名气一直居高不下。

2003 年，由日本人剑持秀纪领队的西班牙庞培法布拉大学研究团队研发的声音合成软件——VOCALOID，在德国 Musikmesse 音乐展上公开亮相，用户可以通过输入的词语、旋律等让软件自动生成唱词，配合伴奏数据完成一首歌曲。但在最开始的几年里，此软件的销售情况并不好，业绩十分惨淡。直到 2007 年，日本销售代理商 Crypton 绞尽脑汁地想出了一个空前绝后的点子：制作一个具有蓝色双马尾的二次元美少女作为产品的代言人，并用 VOCALOID 2 为她重新制作广为流传的《甩葱歌》。视频上传到 Niconico 动画网站后，瞬间火爆全网。谁也没想到这个为音乐软件代言的 3D 二次元美少女后来竟会成为风靡世界的音乐天后。

初音未来是数字人从人体重建实验室，以及航空航天、军事、国防等领域的初步应用向商业领域延伸的一次成功，也是一次极为典型的商业应用范例。自此以后，虚拟偶像燃爆了整个行业，让很多制作公司看到了新的发展机会，进而也催生了一些新型虚拟偶像制作公司。整个娱乐业像发现了新大陆一样，进入了疯狂"造人"阶段，虚拟歌姬、虚拟乐队、虚拟主播、虚拟网红等层出不穷，纷纷进入娱乐圈。

（三）数字人向多领域拓展

随着虚拟偶像的兴起，各种各样的数字人不断出现在人们的视野中，从娱乐产业向游戏产业等多个领域发展。

角色扮演游戏。2000 年以后，网游产业迅猛发展，尤其是角色扮演类游戏是数字人重要的应用领域。游戏开发者提供具有不同外观、不同风格的数字人角色增添可玩性，同时还赋予数字人体质、敏捷度、智力、力量等多方面属性供玩家设定选择。玩家通过控制"虚拟角色"享受打怪升级、协同作战、荣誉认同等虚拟体验，精神可以获得极大满足。

智能客服。2010 年前后，以电商为代表的互联网业务迅速膨胀，催生了在线虚拟客服的应用需求。智能客服类的"虚拟助理"在 NLP 技术的支撑下，从平台公司延伸到各行各业，逐渐得到广泛应用。例如，支付宝的支小宝、网易的七鱼云客服，以及微软的小冰、苹果的 Siri，都实现了多轮对话等功能。

虚拟主播。2018 年前后，虚拟主播 VTuber 在国外爆火，随后虚拟主播规模在短视频平台呈指数级增长。在国内，柳夜熙于 2021 年 10 月 31 日发布的第一条抖音视频在一周内累计获赞超 300 万；虚拟主播嘉然也创造了一夜吸金逾百万的辉煌。除比拼技术外，虚拟主播还要拼人设及内容运营实力。

数字人影视角色。 以数字替身为代表的虚拟数字人+影视的产品应用展现出了广阔的市场前景。影视是对视觉效果要求最高且能最大限度地影响社会对数字人形象认知的一个领域。自 2001 年《指环王》中的角色咕噜利用动作捕捉技术生成后，电影中的数字人角色便如雨后春笋般出现，以无互动、延时互动、周边产品互动等方式逐渐从线上走进大众的生活之中，成为真正意义上的数字人。

（四）数字人的发展历程

从商业化落地和应用的角度分析数字人的发展历程，可以看出数字人是基于商业化应用的需要不断演进的，展现出不同的发展特点和阶段性特征。整个发展历程可以大致概括为萌芽阶段、探索阶段、初级阶段、快速发展阶段。

数字人商业化应用发展历程见图 15。

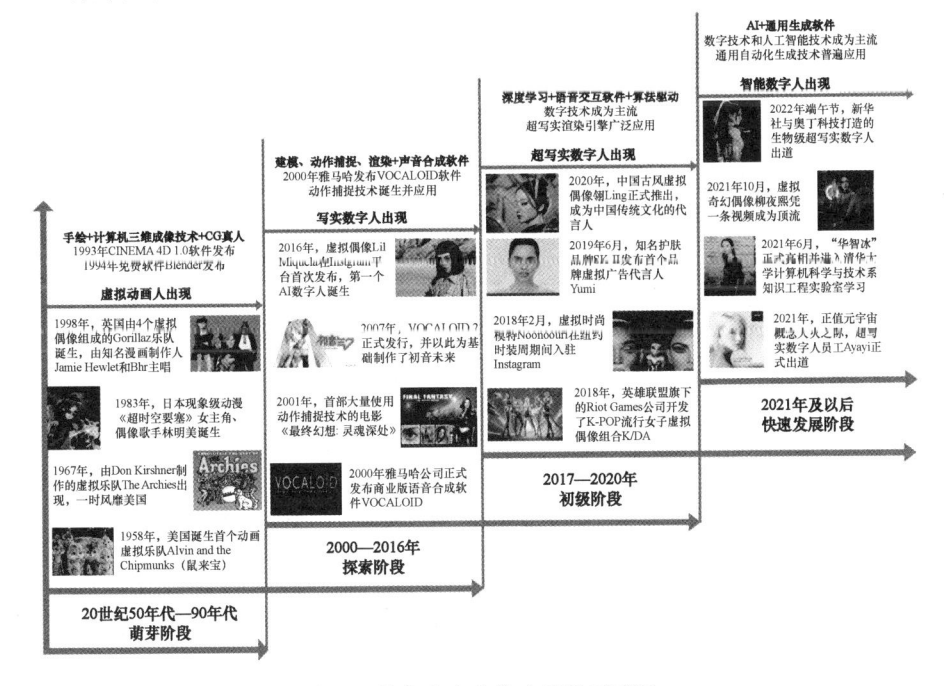

图 15 数字人商业化应用发展历程

（资料来源：根据网络公开资料整理。）

1. 萌芽阶段（20 世纪 50—90 年代）

20 世纪 50 年代虚拟人的概念首次被提出，1958 年首个动画虚拟乐队 Alvin and the Chipmunks（鼠来宝）诞生，虚拟人的概念被正式使用。1967 年，虚拟乐队 The Archies 出现，一时风靡美国，这是虚拟人在商业领域的首个应用案例，但其主要是通过手绘和计算机三维成像技术制作的，以 2D 的形式出现，并以真人伴唱来输出语音。这个阶段的数字人表现形式较为粗糙，普遍具有延时互动的特点，无法实现与观众的在线实时互动，商业模式也比较单一，主要通过售卖音乐专辑或参演电影等影视作品的方式盈利。

2. 探索阶段（2000—2016 年）

进入 21 世纪，声音合成软件的诞生使虚拟偶像拥有了人类的语音功能，为第一个真正意义上的虚拟偶像——初音未来的诞生奠定了基础。在这个阶段，数字人的其他技术也突飞猛进，尤其是动作捕捉技术的发展使数字人制作有了质的飞跃，面部表情和动作捕捉更加真实、生动自然，人工智能技术在数字人制作中也开始发挥作用。这个阶段数字人的盈利主要是通过音乐专辑售卖、举办演唱会、参加舞台表演等方式实现的，市场规模较小，变现能力有限，受众面也比较狭窄。

3. 初级阶段（2017—2020 年）

自 2017 年开始，数字人日趋多元化，数字人产品细分也日渐深化，主要有超写实的高端数字人、适应规模化市场需要的拟人数字人，以及满足特定市场需要的定制化、高性价比的仿真数字人。随着建模、动作捕捉、算力及网络通信等相关技术的不断进步，数字人的精细度和交互能力也会不断提升，在更多场景和更多领域应用落地。

4. 快速发展阶段（2021 年至今）

2021 年是元宇宙诞生元年，元宇宙概念持续升温，大量资本纷纷涌入,很多科技企业选择入局,不同类型的数字人的商业模式逐渐清晰,在国内引发了竞争热潮,数字主持人、数字员工、数字偶像和数字品牌代言人等已经在实际应用中崭露头角。这个阶段的数字人已经开始广泛应用人工智能技术和通用生成技术,具备了快速生成能力和较强的智能交互水平。商业回报能力远超以往。2022年5月,海外虚拟主播Vox在中国的直播首秀时长仅为1.7小时,但营收为111万元,付费人数接近4万人次,互动人数更是超过了5万人次,在当晚登上了直播网站实时热门的首位。据相关机构预测,到2030年,我国数字人整体市场规模将达到2700亿元。

三、数字人的下一站在哪里

如果说人类的未来是星辰大海,那么数字人的未来就是元宇宙。

数字人既是元宇宙的出入端口,又是元宇宙活动的参与主体。以数字人为核心、围绕数字人的行为活动构建的元宇宙将会把现实宇宙的镜像逐渐植入其中,并进行二次创造,打造一个更加精彩、绚丽、跨界的虚拟世界。

(一)虚实融合:未来无处不在的数字人

在当今多元、割裂的以领地元宇宙为主的初级时期,推动数字人广泛应用是构建元宇宙的首要任务,也是元宇宙大发展的第一步。面向未来,数字人的制作链路将得到进一步整合,基础数据采集、制作流程、链入方式等都将大幅简化,尤其是摆脱高价、稀有、繁重、复杂的专业可穿戴传感设备,在人体生物特征、流畅性动作、微表情和智能意识等数据信息的获取上将极其简便,从而生成几乎全真的数字人,并实现与自然人的无缝连接和互动交流。在未来的生活和工作中,必将有大规模的数字人队伍与人类共存:有的向实,更加高效地服务于实体经济和现实社会;有的向虚,在虚拟社会里演绎另一种人生。

数字人未来演进方向见表8。

表 8 数字人未来演进方向

未来演进方向	具体特点
外观精细化	对于数字人而言,虽然在外观上无须严格写实,但更为精细的建模将可以拥有更高的信息密度、更丰富的身份特征,有效提升交互时的沉浸感
功能拟人化	当今数字人的智能程度还有待加强,脑科学、人工智能等技术的成熟和应用,以及动作捕捉技术的精细化、实时渲染的低延迟甚至零延迟,能使数字人具有更加拟人的情绪和动作等行为特征
内容多元化	元宇宙底层技术的融合演进,为内容创作提供全新载体,推动元宇宙内容生态走向多元
载体多样化	数字人走向商业化,多元化的载体构造是实现数字人与现实世界交互的触点,数字人产业向纵深发展
知识图谱全能化	基于算法、算力、数据处理能力的迭代,实现数字人从少数行业向更多行业复用,提升数字人赋能广度
生产平台化	内容生产从单一化走向标准化、平台化,大幅提升开发效率,缩短开发周期
交互情感化	情感将成为数字人人格的重要构成,具有真实情感的数字人将提供更沉浸的交互体验,更深度地参与元宇宙的社交活动

资料来源:根据速途元宇宙研究院《2022 虚拟人产业研究报告》整理。

(二)人类的化身:全真数字人

如果说人类是物理世界中造物主的杰作,那么数字人则是数字世界中人类的杰作。数字人作为人类的化身,代替人类在虚拟世界从事相关活动,并在虚实空间之间来回穿梭,实现两个世界的交互。目前,形象化的虚拟 IP 数字人已成为人类经济活动的一分子,随着数字人制作成本的不断降低,以及进入元宇宙的方式越来越泛在化,未来人人都拥有一个数字人也将成为常态,交互方式也将随着智能化技术的应用不断加深,数字人应用场景也将随着数字孪生技术的应用而爆发式增长并落地。

目前,国内外研究机构普遍依据数字人的制作技术、功能和拟人程度将数字人分为 5 级或 6 级。本书在充分展望未来发展水平、借鉴现有研究成果的基础上,将数字人分为 6 级。

L1 级数字人主要采用手工与初代计算机相结合的方式制作,是 2D 形象 3D 化的过程。

L2 级数字人实现了形象制作的机械化,即利用计算机 3D 建模软件进行虚拟形象设计，同时突破了动作捕捉的机械化和语音自动编辑技术，推动了数字人制作工业化，确定了数字人制作的标准化流程。

L3 级数字人实现了数字人的精细化制作。外在形象上，从毛发到衣物均具有了写实化特征；功能上，算法驱动成为数字人驱动的新方式，并且实现了数字人与现实世界的实时互动。

L4 级数字人除进一步提高精细化制作水平以外，还利用大数据云建立了表情数据库、形象数据库及场景元素数据库等，AI 驱动成为数字人最先进的驱动方式，使数字人实现了初步智能化。

L5 级数字人全面实现了数字人的超写实形象和拟人化功能，外形上与真人无异，动作上实现了低延迟，弱化了数字人动作的僵硬程度，动作的仿真程度十分高。除此之外，数字人还具有初步的创作功能，内容创作在一定程度上摆脱了预设方式，可利用云计算实现内容即时生成，与现实世界能够自主互动，是目前数字人制作的最高水平。

L6 级数字人能够实现数字人的自动生成，在形象与功能上均与真人无异，基于 AI 通用生成技术衍生成为"数字智人"。这个级别的数字人具有情感、逻辑、思考等功能，能够突破虚拟世界参与现实活动，也能在真人发出的指令下参与虚拟世界的生产、生活活动，是颠覆大众想象的最高级别的数字人。

数字人的级别见表 9。

表9 数字人的级别

级 别	评 判 指 标	代 表 场 景
L1 级	以手工制作为主，使用计算机 3D 成像软件勾勒人体轮廓，靠手绘简单上色，采用动画驱动原理，内容以真人演绎为主，是 2D 形象 3D 化的制作过程	2D 场景
L2 级	依靠动作捕捉、3D 建模、语音合成软件生成，并能烘焙出真人材质的肤质，动作流畅，具备表情演绎功能，以真人驱动为主	影视视频制作
L3 级	通过拍照或摄像头绘制、录制仿真皮肤，建模、渲染精细化到毛发的程度，具有写实的特征，主要以算法驱动为主，能够与现实世界实时互动	直播
L4 级	高精度、高效采样，实时、云式超精细化渲染，让数字人的外形与真人无异，建立了表情数据库，AI 驱动开始应用到部分数字人制作中，能实现部分智能化交互	数字员工

(续表)

级别	评判指标	代表场景
L5级	除高精度、超写实的模型皮肤外,能渲染出高精度的服装穿戴与化妆效果,并高度还原服装等材质,AI驱动开始大规模应用,具有语义理解能力,能够实现智能化交互,具有拟人化的表情和行为特征	个性化助手
L6级	AI通用生成技术广泛应用,具有深度学习能力、自主训练能力、兼具人类认知能力和机器认知能力,既可以在短时间内学习不同领域的人类知识,成为相关领域的专家,又可以在海量数据中提取更多规律,超越人类的现有认知,突破生产力的边界	代替人的部分智力劳动

资料来源:根据网络公开资料整理。

对于目前的数字人,L3、L4级数字人是市场主流,制作成本的降低和生成的便利化使其已具备大规模应用的条件。最前沿的数字人已在外表上达到L5级的特征,但在技术上和功能上还没有实现。L6级数字人是目前可预见的最高级别的数字人,即全真数字人,它利用3D全息投影技术和数字人制作技术生成,既能存在于虚拟世界,也能在任何时间点投影于真实世界的任何地方,同时具有全真虚拟形象和智能化功能,是3D投影技术与数字人制作技术相结合的产物。L6级数字人虽已能预见,但距离泛在化的应用实现还有很长的路要走。真正的L6级全真数字人主要具有以下几个特点。

1. 外形全真化

全真数字人可通过3D全息投影技术对人的外形近乎百分百地生成、投影,或者利用超精细化的建模、渲染技术生成在外形上与真人无异的数字人形象。它能加载生命体征监测数据,使数字人在外形变化的基础上能够体现出心理及身体的变化。

2. 虚拟环境真实化

通过增强现实技术和传感技术,一个高度模拟真实世界的场景环境将构建出来,即包含了触觉、视听、感觉及其他心理反馈等感知与控制信息构成的虚拟世界。身处虚拟世界的数字人也有真实的人体感知、人体意图判断和环境识别等功能,使数字人也具备真实的环境感受能力。

3. 交互仿真智能化

数字人将在技术的推动下拥有一次唤醒、多重交互的能力,结合人工智能技术,实现实时智能响应、纠错、多轮对话等功能,并具备人的听、说、看、理解、自主意识能力。

4. 多场景融合化

尽管目前多元、割裂的领地元宇宙还处于初级阶段,但它的应用场景将随着需求端的不断扩展,不断释放市场价值。数字人与元宇宙的深度结合,将全面融入人类社会,如金融、文旅、教育、医疗,以及空天和海洋等领域,具有无穷无尽的潜力。

第二章

各主要经济体数字人发展态势

全球各经济体的数字人发展水平参差不齐,发展基础和路径也不尽相同。

数字人在全球各经济体的发展水平各异，呈现出欧美技术领先、亚洲应用态势繁荣、其他地区多极化并存的局面。各经济体在政策环境、技术成熟度、应用程度、产业化水平上均存在一定的差异。美国是数字人技术的诞生地，也是数字人的诞生地；日本、韩国是数字人应用的勃发地……我国数字人商业化应用的步伐持续加快。

第一节 美国：凭借深厚技术积累领跑全球

美国是数字人的诞生地，是数字人相关技术的开创者，也是数字人推广应用的先导者。经过近半个世纪的积累，美国在技术、产品和平台服务方面均处于世界领先地位。

一、引领全球技术进步

20世纪前后，人类社会进入了现代科技发明的大爆发时期。1895年，电影诞生；1926年，电视诞生；1946年，世界上第一台计算机诞生。虚拟影像及显示、信息存储及编辑分别从两个不同的方向走上历史的舞台。在这样的背景下，基于电子显示器、动作捕捉、声乐内容的动画电影和基于计算机信息存储、拍摄的"可视人""虚拟人"先后在美国诞生，并由此缔造了迪士尼、皮克斯、梦工厂等世界娱乐巨头公司，进一步推动了数字人相关技术的进步。

（一）脱胎于美国动画电影的计算机图形学

在计算机图形学的发展史上，有一个特别闪亮的名字是无法被掩盖的，那就是皮克斯动画工作室（Pixar）——世界三维动画电影的鼻祖和巨头。

20世纪80年代中期，皮克斯动画工作室的前身卢卡斯影业成立的计算机图形研究小组，成功开发了三维电影渲染软件Reyes渲染架构，并于1982年首次应用于电影《星际迷航2：可汗之怒》。这次应用仅限于电影中的创世片段，并获得了巨大的成功，也使三维动画技术前进了一大步。在这之前，美国的计算机图形学已经经历了20余年的研究和积累。

1960年，计算机图形学之父伊凡·苏泽兰特（Ivan Sutherland）在他的博士毕业论文里提出了图形交互绘制系统的构想，编写了世界上第一款绘图程序 Sketchpad。凭借这个程序，用户可手持光笔在计算机屏幕上绘出三维图像，并且可以自由放大、缩小、保存和复制。伊凡·苏泽兰特为此坚持研究了 10 余年，在被犹他大学计算机系聘用后，他带着自己的学生继续进行相关研究，推动了计算机图形学技术的发展，如 Gouraud 着色算法、目前仍在实时渲染领域活跃的 Phong 着色模型、Adobe、美国硅图公司（Silicon Graphics）的显卡，以及皮克斯动画工作室的 Renderman 计算机图像渲染体系。这些技术也成就了皮克斯动画工作室出品的一系列伟大的作品，包括第一部全计算机制作的动画长片《玩具总动员》，以及后来火遍全球的《怪物史莱克》《海底总动员》等，支撑了美国动画电影持续 30 余年的繁荣。

这期间，伊凡·苏泽兰特于 1969 年创立了第一家 3D 图像公司，并于 1970 年发布了第一个 3D 建模和生成软件，燃起了一场新的设计革命。随后不久，马丁·纽维尔（Martin Newell）创建了可视化和 3D 建模参考模型，使三维建模技术向前迈进了一大步。20 世纪 80 年代，3D 建模软件成为最受欢迎的应用程序之一。20 世纪 90 年代，基于 Windows 操作系统，Autodesk 公司推出了第一个 3DWorkshop，并于 1996 年发布了 3D Studio MAX 1.0（简称 3D MAX，至今已发布近 20 个版本），使美国在此领域一直是全球建模软件的技术领先者。

数字人制作所需要的建模技术和图像渲染技术，尤其是超写实数字人的精细化渲染技术，均离不开早年脱胎于美国动画电影的计算机图形学。美国凭借其在此领域近半个世纪的研究、创造和积累，在计算机图形学领域，尤其在图像渲染引擎领域，目前仍处于领先地位。

（二）与计算机图形学伴生的动作捕捉技术

动作捕捉技术与计算机图形学的发展轨迹基本相似，也脱胎于美国早期的动画电影。1915 年，美国动画大师马克思·弗莱舍（Max Fleischer）发明了"动态影像描摹"（Rotoscoping）方法用于驱动绘制形象，就是在透明的介质上按顺序临摹实拍的画面底稿，并在一定程度改造的基础上进行动画创作，既费时又费力，但这种方法被成功应用于迪士尼动画电影《白雪公主和七个小矮人》中。

为了让这些过程更省时、省力，动画制作者一直想办法在动作捕捉方面实现机械化。直到 20 世纪 80 年代，加拿大西蒙菲莎大学（Simon Fraser University）人体运动学和计算机科学教授 Tom Calvert 将多个电位器安置在人体上，并使用人体动作输出数据来驱动计算机中的动画形象，实现了"机械式动作捕捉"的第一步。美国后来者居上，麻省理工学院开发了基于 LED 的"木偶图像化"（Graphical Marionette）技术，这也是世界上第一个光学动作捕捉系统，被 Kleiser-Walczak 公司用于一段由虚拟人模型演绎的音乐片段录制中，但反响不大。

除此之外，同时期的皮克斯动画工作室为了简化动画制作过程，开发了 Presto、USD 等系统，用于复杂生物运动和大场景中群体生物运动的动作捕捉。1994 年，《指环王》的制作将动作捕捉从摄影棚带到了拍摄片场，制作者利用特殊的相机和灯光将光学动作捕捉首次应用到电影工业领域。此后，动作捕捉技术进入大发展时期，美国体感控制器制造公司 Leap Motion 的深度手指动作捕捉摄像机系统和腕带（手势控制臂环）制造商 MYO 公司的手环，可以捕捉手和手腕的肌肉动作。谷歌虽然不是动作捕捉技术的专业供应商，但其实景 3D 建模研究项目 Project Tango 配备的类似体感传感器也有动作捕捉功能。光学动作捕捉的应用将动作捕捉技术推上了一个新的高度，其原理是通过位置追踪器收集人体信息，结合算法跟踪不同的特征，一旦动作被捕捉，就能通过动画软件（Motion Builder 等）将真人的虚拟骨骼绘制出来。2005 年上映的电影《金刚》使用了面部捕捉技术；2009 年，电影《阿凡达》将动作捕捉和表情捕捉完整地结合起来使用；2019 年，真人演员和虚拟演员共同演绎的《阿丽塔：战斗天使》使用了大量的面部捕捉技术和表情捕捉技术，具有非常逼真的面部特写和表情特写，极大地缩小了真人和数字人之间的差距。

除了影视文化领域，动作捕捉还被大量用于多人互动、大型场景的 3D 游戏领域。随着 20 世纪 90 年代建模、渲染和动作捕捉技术在影视领域的应用，建立在这些技术基础上的第一个 3D 游戏引擎也在美国诞生了，通过导入游戏模型、动画，使用动作捕捉技术驱动，渲染后形成的成品给参与者带来了更加真实的体验和融入感。目前，动作捕捉技术随着人机协同、人机交互技术的发展正向工业领域蔓延。

美国作为在影视文化和游戏等领域都技术发达的国家，建模、渲染、动作捕捉等底层技术一直处于世界领先位置，数字人制作技术领先于全球也顺理成章。

（三）伴随着计算机起步的人工智能技术

人工智能技术同样诞生于美国。随着1946年第一台计算机的诞生，美国的一些科学家便开始了"不切实际"的幻想——让机器拥有智能，人工智能的概念也随之出现。20世纪50年代，美国的贝尔实验室、普林斯顿大学、麻省理工学院等开始研究智能语音模拟技术，分别研发了多个音节的识别系统，但研究进展缓慢。直到20世纪70年代，美国的国防部资助了为期5年的语音理解研究项目，在IBM、卡内基梅隆大学（CMU）、斯坦福研究院的共同努力下，能够识别整句话的语音系统诞生了。1988年，卡内基梅隆大学研制出第一个非特定人的、大词汇量的、连续语音识别系统。此后，智能语音系统被引入多个应用领域，尤其是Windows操作系统的推出和商业化应用，以及后来的互联网技术、移动通信技术的普及，极大地推动了此项技术的发展，美国的IBM、微软、Google、苹果等公司也成为智能语音领域的领头羊。

1995年，在Windows操作系统发布10年后，Windows 95首次搭载语音引擎系统SAPI，实现了让应用程序开发者创建语音程序；6年后，比尔·盖茨发布语音多模态移动设备的概念产品MiPad，应用于移动端的智能语音系统首次被开发出来。2017年，微软基于神经网络的听觉和语言模型已经成熟，在机器的听说能力方面，出错率比以往降低了约12%，仅为5.1%，听写能力甚至超过了专业速记员。

目前，在智能语音语义领域，处于世界领先位置的非Google莫属，自Windows操作系统支持语音程序开发后不久，2010年，Google搜索引擎开始支持语音搜索和操作。成功开发出支持移动设备的安卓系统后，Google于

2012年成功将语音助手应用于安卓4.1系统和Nexus手机上。2013年,美国两大操作系统供应商Google和苹果公司展开了智能语音竞技,前者发布Google Glass,后者加大对iWatch的研发投入,移动可穿戴设备的语音交互功能成为智能语音语义技术领域的新热点。直到2017年,Google发布全新的端到端的语音识别系统,这才坐稳了智能语音语义技术领域的头把交椅。这期间,最早参与智能语音语义技术研究和开发的IBM同样没有落伍,于2017年发布了基于深度学习应用技术的智能语音语义系统,并取得了出错率仅为5.5%的成果。

不难看出,随着智能语音语义技术的发展,美国在深度学习和应用领域也打下了雄厚的基础,诞生了诸如马文·明斯基(Marvin Minsky)等在内的一批科学家,为美国培育了一大批人工智能技术创业者。在此基础上,被誉为深度学习之父的美国科学家杰弗里·辛顿(Geoffrey Hinton)提出多层感知器的反向传播算法,在神经网络正向传播的基础上,在反向传播过程中通过调整神经元之间的权值和阈值降低误差。受制于当时计算机的发展水平,直到2006年,杰弗里·辛顿才和他的学生正式提出深度学习概念,并发明了逐层训练算法,引起了学术圈的轰动,并迅速蔓延到工业等领域,推动了深度学习技术爆发式研究和应用时代的到来。可以看出,美国在人工智能技术领域有着十分深厚的家底。

如今,数字人制作所依赖的深度学习技术及其他技术,在经历了数十年的研发和应用的基础上,均来到了商业化应用深度推广和普及的临界点,这也是数字人能在元宇宙提出的一年时间里遍地开花的根本原因。总体来说,数字人技术就是对建模、驱动、渲染、深度学习技术的整合应用,美国深厚的技术积累恰恰为数字人的制作和应用奠定了基础。

二、政府为技术发展保驾护航

美国政府一直十分重视知识产权保护,为技术创新塑造良好的环境,对数字人相关技术的知识产权保护也不例外。

（一）通过立法加强知识产权保护

20 世纪 70 年代，美国有关数字人的早期研究项目还没有诞生，但动画影视制作相关技术专利保护和政策支持却已基本形成体系。美国于 1790 年发布了首版的《版权法》，并于 1976 年进行了修订，在此基础上，美国推出了一系列关于知识产权保护和高新技术保护的法律法规。1980 年，美国政府修订了《专利法》，对发明专利和设计专利加大了保护力度。1984 年，美国颁布了《半导体芯片保护法》，对渲染所用的计算机图形技术、动作捕捉所用的电子感应技术等均有涉及。1998 年，美国颁布《跨世纪数字版权法》，对网络著作权（包括软件）提出了明确的保护条例。近年来，美国通过政策和法律法规加大了对知识产权的保护力度，以此争夺全球技术领导地位。

（二）研发支持与监管并重

在数字人相关研究方面，1985 年，美国国家医学图书馆（NLM）召集百余位信息技术和医学专家首次讨论数字人体的长期规划，并支持第一个"可视人项目"的立项；2001 年，美国科学家联盟将人类基因组计划、可视人计划、虚拟人计划、人类脑计划概括为数字人计划，并得到美国国立卫生研究院的承认；2003 年，美国国会确认数字人体为当年财政年度重点计划，加大了对数字人项目的财政支持力度。此后，美国对数字人的支持延伸到其他领域。例如，支持 NASA 委托 HapTek 启动"人造人计划"，创建具有照片真实感、能够自动变形、具有情绪、能够理解语音的虚拟人；在国防军事领域，美国国防部高级研究计划局（DARPA）发布了一项"虚拟士兵"计划，并于 2008 年为反恐研发训练用虚拟勇士及培训用虚拟人；2015 年，美国国防部令每位战士都有一个虚拟分身，利用 VR 打造"超级战士"。

随着数字人逐渐向商业领域延伸，美国逐渐加强了监管力度，尤其是对数字资产的监管力度，把生物特征、位置和银行信息、消费习惯、游戏习惯等数据，都列入数据安全和隐私保护的范畴。2020 年 9 月 11 日，在美国

116 届国会第 2 次会议上，Foster 等议员提出了关于建立改善数字身份途径的法律提案。该法律提案主要聚焦数字身份核验（Digital Identity Verification）服务，认为现阶段政府、企业和社会组织缺乏简单、经济、可靠的方法来核验在线实体的身份，身份窃取和假冒等网络安全事件频发，不仅妨碍在线交易的顺利执行，而且导致大量个人隐私信息泄露。因此该法律提案建议从政府监管的角度入手，通过法律和标准执行等形式推动联邦、州和地方政府提供可靠、可互操作的数字身份核验服务，以保护隐私和个人信息安全。

随着 2021 年元宇宙元年的到来，与数字人相关的元宇宙领域也得到了美国政府的关注和重视。2022 年 3 月，美国总统拜登签署了一项名为"确保数字资产负责任发展"（Ensuring Responsible Development of Digital Assets）的行政命令，要求财政部、国防部、商务部、劳工部、能源部、国土安全部等部门，就数字资产的安全、转移和支付系统的构建、数字货币等方面存在的问题，以及未来发展的可能展开研究，并向总统报告。由此可见，美国政府加强科技创新保护力度、监管趋严的政策将影响到包括元宇宙、数字人在内的数字资产领域，未来美国将不断强化本国数字科技的主导地位和引领作用，并且注重塑造安全规范的发展环境。

三、典型企业

在商业领域，美国英伟达、Epic Games 等人工智能企业和大型游戏制作公司凭借多年的技术积累，推出了数字人制作平台，大幅简化了数字人的制作流程，发展水平处于世界领先地位。在应用层面，美国在影视和娱乐领域大量应用数字人，在《指环王》《猩球崛起》等一系列商业电影中打造众多经典角色，在社交平台 Instagram、Meta 和视频分享社区 YouTube 上推出虚拟偶像，具有较强的商业化变现能力。

（一）英伟达

英伟达是全球领先的人工智能企业。在 2021 年 11 月的 GTC 大会上，英伟达推出了用于生成人工智能化身的平台——Omniverse Avatar，该平台集成了英伟达在语音 AI、计算机视觉、自然语言理解、推荐引擎与模拟方面的技术。利用该平台创建的虚拟形象是具有光线追踪 3D 图像效果的交互式角色，能够看见、说话、谈论各种主题，以及合理地理解、表达意图。

（二）Epic Games

Epic Games 是著名的游戏开发公司，2021 年年初发布了可生成高保真角色形象的工具——MetaHuman Creator，该工具基于预先制作的高品质人脸素材库，允许用户以自动混合、手动调节的方式快速生成数字人。MetaHuman Creator 可以与现代动作捕捉和动画技术结合使用，以创建逼真的动作效果，为视频游戏、电影、电视及其他制式的人机交互场景服务。MetaHuman Creator 的定位为零基础操作、高品质、快生产，小团队可以直接生成自己的作品主角，大幅提升美术效果、节约创作成本，大公司则可以批量制作 3A 级游戏中的 NPC。

第二节　欧洲：加强技术研究和数字监管

欧洲数字人相关研究几乎与美国同时起步，但由于欧洲各国对动画电影制作工业化不够重视，并且数字监管环境日渐严格，因此在数字人应用推广方面进展缓慢。

一、数字人相关技术发展较早

欧洲数字人相关技术的研究和应用起步较早，但未能在相应技术的支撑下走向世界领先。欧洲的"可视人计划"同美国一样，以医学实验作为突破口。标准人体数据集的建立为数字人生物数据库提供了蓝本，也为动作捕捉技术中肢体关节点的选择、动作感应器的绑定提供了参考基数。21 世纪初，英国"可视人计划"从国家实验室走进商业领域，被应用于药物研发和生产,如英国 PA 公司与美国菲西奥姆科学公司联合研制计算机化的虚拟人体系统,模拟药物在人体中代谢动力学的作用。其他欧洲国家,在数字人研发方面也取得了一些成果。例如,瑞士联邦理工学院计算机图像实验室开发了腹腔镜模拟系统;法国医学界则在通过超声波、CT、MRI 等获得数据集后,利用计算机三维重建立体图像,制作出数字人。早期这些应用于医学研究的计算机图形学技术也是 3D 动画电影制作、数字人 3D 形象扫描生成的基础。

值得重视的是,欧洲和美国的人工智能技术是不相上下的。在美国的一些科学家讨论"机器智能"时,英国计算机学家艾伦·麦席森·图灵（Alan Mathison Turing）在其发表的论文《计算机器与智能》中,就对人工智能的发展做出了广泛的探索,随后不久就对其构想的"机器与思考"做了测试实验,即闻名于世的"图灵测试",这是欧洲人工智能技术的起点,也是英国人工智能技术一直领先于世界的根源所在。1952 年,曼彻斯特大学利用计算机程序编写出国际象棋游戏的新玩法,这是有关人工智能算法的首次成功尝试。

此外,英国的深度学习在智能知识库系统建设方面应用广泛,极大地促进了学术界的研究,使制造"思考机器"从幻想转变为可衡量的构想,并从自然界中获得灵感,发明了"遗传算法",以及神经网络系统（或连接主义系统）、多智能体系统、并行处理和机器人学习技术等,英国也因此成为欧洲的人工智能专业中心。2014 年,英国皇家学会举办"2014 图灵测试"大会,聊天机器人尤金·古斯特曼首次通过了图灵测试,这标志着人工智能进入新的发展阶段,欧洲的智能语音语义技术也获得了业界的充分肯定。

欧洲对动漫产业并未给予足够的重视,动作捕捉、渲染等相关技术也起步稍晚。英国在 1997 年成立了"创意产业特别工作组",负责对英国的文化创意产业进行研究并提出发展战略,将动漫产业列为重点支持的产业之一。当时的英国,动画制作多以小型工作室为主,并未诞生大型企业,像 BBC 这样的传媒巨头也仅从广告收入中拨出一部分资金支持动画工作室,这使得英国的动画工作室不得不寻求海外资金和技术支持。法国与英国有所不同,早在 1946 年就成立了法国国家影视中心（CNC）,并给予了巨额的预算用于影视业的发展,制片人投入数亿欧元的资金用于动画制作,间接促进了计算机图形学、动作捕捉和渲染技术的发展，但和美国相比仍有较大差距，因此只能通过与美国合作的方式引进。

二、重视数据保护与监管

近年来，欧洲在数据使用、数字市场监管等方面采取了很多措施，加强对科技企业的监管约束。在个人数据方面，根据 2018 年 5 月 25 日生效的《欧盟一般数据保护条例》，计算机视觉领域最火的人脸识别技术在公共场合的应用是被高度禁止的，除非用于寻找失踪儿童、防止恐怖活动威胁或识别刑事犯罪人员等特殊情况。另外，要求审查《欧盟一般数据保护条例》及其执行架构的呼声未来可能会得到重视，欧洲数据保护监管机构将会根据实际情况重新评估数据保护法规。

2020 年，欧盟发布的《欧洲数据战略》提出建立统一的数据治理框架，加强数据基础设施投资，提升个人对数据的控制力，建立 9 个领域的数据空间——工业（制造业）、绿色交易、交通、健康、金融、能源、农业、行政与技能。通过"开放更多数据"和"增强数据可用性"，为欧洲数字化转型提供发展和创新动力，形成一种新的欧洲数据治理模式。

2022 年 2 月 23 日，欧盟委员会通过《关于公平获取和使用数据的统一规则（数据法案）》提案，规范了非个人数据的使用，明确了数据共享规则，给予每个用户和组织访问数据的权利，加速释放数据价值。

在平台监管方面，欧盟的政策也日趋严格。2022 年 4 月通过的《数字服务法》要求科技企业承担内容审核义务，不能在商业竞争中使用非公开获得的数据，具有社会影响力的大平台应向主管部门提供必要的数据。

2022 年 5 月，欧盟理事会通过《数据治理法案》，这是欧洲数据战略的重要组成部分，旨在促进公司、消费者和公共机构之间的数据共享，推动公共部门数据再利用，推动数据服务和产品的创新。这个法案还提出了数据中介服务，支持公司之间的数据共享，扩大数据的可用范围，建立更加完善的数据治理生态。

三、典型企业

欧洲普遍重视发展具有情感价值的服务型数字人助手。欧洲企业在数字人外观设计和交互能力上大量投入，使数字人有较高的真人还原度，主要应用包括医疗顾问、日常陪伴、个性化理财顾问、心理咨询顾问、购物助理等。

在数字人相关技术企业中，欧洲大型企业和国际品牌并不多，能够在全球范围内具有影响力的数字人产品也较少，由伦敦摄影师 Cameron James Wilson 亲手打造的虚拟模特 Shudu Gram 是不得不提的一位。她拥有完美的皮肤质感、均匀的身材比例、迷人的双眼，Shudu Gram 的 Instagram 社交账户上拥有不少粉丝，与不少时装品牌展开过合作。在虚拟偶像领域，欧洲不像日本那样繁荣，也不像近几年的中国一样快速发展，其主要代表有 Veibae、Ami Yamato、Shizukou 等。就目前而言，欧洲完全具备高级数字人的制作能力，但数字人产品的开发还并未呈现规模化，数字人在各个领域的应用进展也比较缓慢。

（一）DeepMind

DeepMind 诞生于英国伦敦，是谷歌旗下的人工智能公司。两位创始人戴密斯·哈萨比斯（Demis Hassabis）和穆斯塔法·苏莱曼（Mustafa Suleyman）在伦敦大学读博时结识，于 2010 年联合创立该公司。虽然前期公司将主要精力放在了游戏的开发上，但在深度学习领域建树颇丰，是全球最早将人工智能应用于科学研究的研究机构之一。

（二）Qualisys

Qualisys 是一家瑞典企业，创建于 1989 年，现在已经成为世界顶级的光学动作捕捉产品供应商和服务商。Qualisys 的测量系统包括高精度动作捕捉相机及先进的动作数据跟踪分析软件。Qualisys 拥有经验丰富的专业技术团队，专门为医疗和工业领域提供性能独特的光学动作捕捉平台。

第三节 日本：积极打造虚拟 IP

日本是数字人商业化应用的勃发地。规模庞大的虚拟偶像产业得益于实力雄厚的动漫文化产业，并通过广告代言、国际业务合作等方式在全世界产生广泛影响。日本的数字人发展具有时间早、应用多样化、技术成熟度高等特点。同时，日本正积极推动相关国际标准的制定和推广。

一、动漫产业奠定应用基础

日本对动漫产业的重视有效地拉动了计算机图形学等技术的发展。20 世纪 70 年代末，日本东映动画成立内部技术委员会。1983 年，日本 CG（Computer Graphics，用于动画制作的一种计算机图形学技术）动画之父金子满成立 CG 制作公司 JCGL，并且推出第一部 CG 电视动画《子鹿物语》，这是日本在动漫领域首次尝试使用 CG 技术制作 3D 动画。同一年上映的《骷髅13》是在大阪大学的帮助下，大量使用计算机图形学技术制作的首部 CG 动画。自此，日本的 CG 技术开始作为动作制作的辅助手段大放异彩。

日本当前的动作捕捉技术、渲染技术已经非常先进，虚拟偶像舞蹈动作的流畅程度已经和真人十分接近，东京工业大学的 Hideki Koike 教授带领团队推出了利用单个相机可穿戴设备就可以实现动作捕捉的系统 MonoEye，极大地降低了传统复杂、繁重、成本很高的动作捕捉技术门槛，在一定程度上解决了专业数字人制作成本高、便利性不强的问题。

在人工智能技术领域，早在 20 世纪 60 年代初，东京无线电实验室、京都大学和 NEC 实验室在语音识别领域就取得了开拓性的进展，先后制作出能够进行语音识别的专用硬件，随后进入人工智能研究的低潮期。日本还实施了一系列与人工智能密切相关的科技计划项目，如图形信息处理系统项目、第五代计算机项目等，以及 2008 年的"多语言语音机器翻译项目"等，有效地提升了日本的人工智能技术水平（包括智能语音技术和深度学习技术等）。直到 20 世纪 80 年代，在人工智能技术的第二次热潮中，日本才紧跟时代潮流，将人工智能研究推进到逻辑推论、知识支撑、神经网络算法、机器学习上来。随后，日本的甘利俊一团队和福岛邦彦团队继续推动机器学习向"深度学习"发展，这也为日本在二次元虚拟偶像之外创造超写实数字人提供了技术条件。

在数字人相关项目方面，早期，日本对数字人发展的支持主要集中在对动漫产业和技术的支持上。例如，日本于 1970 年颁布了新的《著作权法》，又于 1996 年实施《文化立国方略》，重视动漫专业教育，设立了动漫培训学校、培训班，开展了讲座等。日本于 2001 启动了为期 10 年的"虚拟人体计划"，在 2005 年以前以数万人为对象，收集从儿童到老人的各类体型数据，到 2010 年完成了 7～90 岁的人体 178 个部位的测定，制定出新的人体标准数据，并制成各年龄段、不同类型的人体虚拟模型。日本规模庞大的标准人体数据库的打造也为数字人标本的设计提供了数据源，这也为数字人标准的制定提供了数据库支撑。

二、面向全球打造虚拟 IP

在虚拟偶像领域，日本也是这个领域的领先者。日本 1982 年推出的电视动画《超时空要塞》的女主角林明美就是最早的虚拟偶像，她的歌被公司制作成 CD，她还参与现实中的广播节目并担任 DJ。后来随着 CG 技术的发展，到了 1996 年，日本的一家艺人经纪公司 Horipro 利用 CG 技术制作出"初代"3D CG 虚拟偶像伊达杏子，她与现实中的艺人一样进行各种演艺活动，如唱歌表演、参加综艺节目等。但由于技术等多重因素，伊达杏子并没有得到大众的广泛关注。直到初音未来的出现，虚拟偶像才真正引爆了日本娱乐市场，初音未来的鲜明个性和自然的声音都为她的超高人气奠定了基础。2016 年年末，虚拟偶像绊爱出道之后快速走红，仅 3 个月 YouTube 粉丝数就超过了 20 万。

2018 年，在技术成熟的基础上，日本的虚拟偶像和一系列运营企业大量出现，日本的虚拟偶像产业生态逐渐完善。随着日本国内的商业竞争日益激烈，运营公司开始把目光转向海外市场，推出了亚洲第一位超写实数字人 Imma，其因超高的真实感收获了大量的粉丝，成为全球新晋网红之一。

日本还推出了大量在 YouTube 上与网友互动的虚拟主播，他们被称为"VTuber"。这些虚拟主播背后是真人主播在驱动，真人利用软件工具生产可爱的二次元形象，以在网络上直播表演获得粉丝打赏为主要收入来源。在新冠肺炎疫情席卷全球之际，网民居家时间大幅增加，通过网络看 VTuber 表演的需求强劲，虚拟主播迎来了发展热潮。2022 年 6 月，日本著名的虚拟偶像公司 ANYCOLOR 于东京证券交易所上市，成为日本首家以 VTuber 为主营业务的上市企业。该公司上市后，市值超过 1800 亿日元，目前已经打造百余位虚拟主播。

在面向海外市场方面，日本的虚拟主播除活跃在 YouTube 和 Twitch 外，还延伸到 TikTok、SHOWROOM 及 B 站等平台。日本的虚拟主播 Vox 正式开通 B 站账号之后，入驻仅 1 天粉丝数就突破了 50 万。其背后的公司 ANYCOLOR 不断招募精通外国语言和文化的主播，进军海外市场，还在韩国、印度、印度尼西亚、泰国等国家扩展业务。

此外，日本现在已经开始布局虚拟偶像的国际标准了，日本的 13 家公司建立了虚拟偶像标准 VRM 联盟，试图建立统一 3D 虚拟偶像的文件格式标准，再将这个格式标准推向国际。可见，数字人标准方面的竞争已经拉开了帷幕。

作为最早具备数字人制作全套技术的国家之一，日本具备坚实的软硬件技术基础，尤其是首屈一指的动漫文化底蕴和海量的虚拟 IP，其成为数字人应用的勃发地也在情理之中。

三、典型企业

日本在虚拟偶像领域企业规模庞大，在产业链的每个环节、每个板块上都有大量的企业入局。除此之外，日本的人工智能企业也已形成一个庞大的群体，为数字人的制作和应用提供技术支撑。

（一）CyberAgent

CyberAgent 成立于 1998 年，以广告代理业务起家，现已位居日本网络广告业四巨头之首。为适应全球数字人市场的发展，2021 年 10 月 14 日，CyberAgent 旗下 AI 技术研发组织"AI Lab"成立数字人研究中心，正式进军数字人技术研发领域。从数字人产品及服务的布局来看，在数字人研究中心成立前，CyberAgent 就已在"高精度还原人体"方面做过诸多研究和尝试。其旗下子公司 CyberHuman Productions，就是一家以"人类与技术融合"为中心开展研发的集团，已经制作出较为出名的雀巢全新虚拟代言人"Zoe"。早在 2021 年 8 月，CyberAgent 就已经推出"Digital Twin Label"数字孪生服务。该项服务旨在为艺人/名人制作、生成高度还原的 3D CG 形象，甚至替代明星本人参与虚拟空间活动、出演广告，以及进行舞蹈和乐器演出，并在首发广告宣传片中展示了一比一还原超模富永爱的过程。在技术方面，"Digital Twin Label"数字孪生服务使用了 3D 扫描、音频收集等技术。而最新成立的数字人研究中心则将以"生成基于深度学习的写实人体表现"为目标，从建模、光影到运动效果等多方面进行研究，在力求提高制作速度的同时，自动生成各种人类动作，创造高精细度的数字人。值得注意的是，结合 CyberAgent 本身在广告业的深厚实力，CyberAgent 对 AI 技术的运用不止内容制作，还能根据产品和用户定位生成关键词和文案、预测投放效果、分析市场并选择投放渠道等，实现 AI 在广告业务上的全流程应用。

（二）Crypton Future Media

Crypton Future Media 的中文名称为克理普敦未来媒体，成立于 1995 年，以进口声音素材为初始业务进行创业，也从事 CD、DVD 的销售业务，以及音乐软件、音频合成软件的开发、进口和销售，其合作的进口商和产品有上百个之多。例如，电子游戏发行商，Konami、SEGA、索尼计算机娱乐、Namco 和任天堂等；电视、电台和有线电视，NHK 等；音乐器材制作者，

Roland 和 Yamaha 等。早在 2004 年，Crypton Future Media 就代理发售了世界第一款日语 VOCALOID 声音库软件 MEIKO；2006 年发售了 KAITO 软件；2007 年，又发售了以 Yamaha 歌声合成引擎 VOCALOID 2 为基础的虚拟歌手"初音未来"的声库，一经发售便大受欢迎，音乐软件发售仅 3 个月就创下 25000 的销售数，当年获利也上升至 211.4%。

初音未来的大火，增强了 Crypton Future Media 投资基于声音合成软件开发虚拟偶像的信心。2007 年，Crypton Future Media 推出了基于 VOCALOID 2 的虚拟偶像镜音铃·连；2009 年，其推出了基于 VOCALOID 2 的虚拟歌手巡音流歌。鉴于对初音未来等虚拟歌手的创作呈爆发式增长，Crypton Future Media 顺势推出了网络内容创作平台 Piapro，随后拥有了初音未来、镜音铃·连、巡音流歌等共 6 位虚拟歌手的制作版权。Crypton Future Media 还设计了角色授权协议（Piapro Characters License），为后来不断高涨的创作热潮提供著作权方面的基础框架。同时，Crypton Future Media 推出旗下音乐厂牌、音乐贩售平台 KARENT，用于销售众多虚拟歌手的音乐，并于 2019 年进行了升级，与 AIST 联合开发了 Kiite 平台，实现了自动推荐曲风相近的音乐。2020 年，Crypton Future Media 正式发售初音未来 NT（New Type），进化后的声库能够表达更多的情感，这标志着其长期钻研歌曲合成、自行研发音乐合成引擎的努力有了成果。

除了在日本大力推广音乐合成软件及虚拟偶像，Crypton Future Media 也在不断努力打开国际市场，并在世界各地进行虚拟歌手及内容的商业授权，其授权范围涉及快消、传统二次元及周边商品、汽车、乐器、电子游戏等众多领域。2014 年，Crypton Future Media 与上海新创华文化发展有限公司（SCLA）签约，将初音未来正式引入中国，广泛开展商业化演出和授权合作活动。

第四节 韩国：大力发展虚拟偶像及娱乐平台

韩国偶像经济十分盛行，虚拟偶像产业发展也如火如荼，多家数字人制作公司和娱乐公司推出虚拟偶像及娱乐平台，不断拓展市场空间，挖掘新商业模式。当然，这也离不开韩国政策的支持和资本的推动。

一、虚拟偶像经济的热土

韩国的偶像经济发端于 20 世纪 90 年代，以 S. M. Entertainment、JYP Entertainment、DSP Media 为首的经纪公司，开发了一套成熟、体系化、工业化的偶像培训模式，发展进程共经历了 4 个阶段，目前已进入偶像经济 4.0 时代，即将进入偶像经济的第 5 个阶段——数字偶像经济。

2022 年 7 月，韩国飞行射击游戏《绝地求生》的开发商 Krafton 发布数字人 Winni，该数字人采用虚实结合的技术制作，即便在肢体语言和面部表情需要高度配合的场景下，人们也很难分辨出 Winni 的真假。其实这是一位"半虚拟人"，除了脸部是用 AI 技术制作的，其余部位都是真人。作为 Krafton 的核心产品《绝地求生》的虚拟代言人，未来 Winni 将与用户进行交流互动。韩国企业 NEOENTDX 为 Winni 提供了技术支持，其技术路径和世界上大多数国家不同的是，没有采用 3D 建模技术，而是利用 AI 系统直接对真人的人脸形象进行实时捕捉和渲染输出，再利用人脸捏合技术（Deepfake 技术）进行调整。人脸捏合的自由度也有了极大的提升，完全可以根据客户需求进行自由捏脸，可以完全脱离真人的实际脸型，能大大节约数字人的制作成本和输出时间。值得一提的是，一套依靠计算机图形学和渲染技术生成的虚拟人服装造价很高，对虚拟人而言每一次换装都耗资巨大、周期又长，而半虚拟人只需要真人穿上真实的衣服即可，人脸的变换又能防止真人"塌房"给商家带来损失。

工业化、快流程的偶像制造模式也促使韩国抛弃程式化的数字人制作方式，直接越过人体建模、全身动作捕捉、皮肤贴图和服装设计渲染等复杂的技术路径，利用 AI 技术弯道超车，形成快速、批量、系统、工业化的数字人生产模式，目前这已成为韩国数字人制作的主流方式。

2021 年，有机构推算，韩国的人工智能技术只比美国落后 1.8 年。近年来，韩国的人工智能技术发展迅猛，2019 年开发的"深度学习影像识别摄像头传感器"，可基于每秒演算万亿单位数据的深度学习技术，大幅提升影像识别的品质和可信度。韩国的电视网络自 2020 年开始，就一直测试数字新闻主播，力图以更快的速度提供突发新闻播报服务。2022 年年初，韩国开发出"深度学习编译器"，Deepfake 技术不断升级。

2019 年，三星的研究人员公布了一种能够深度伪造人类和艺术品的生成对抗网络（GAN）技术，只要提供几张照片做参考，三星的 Deepfake AI 就能制作出出色的伪造效果。一开始，三星只是将这项技术应用于艺术品的仿造和再创造上。元宇宙概念爆火之后，在韩国政策和资本的推动下，韩国的 Deepfake AI 技术被大规模应用于数字人的制作。例如，2022 年年初利用 Deepfake 技术给总统竞选人制作的数字分身；成为众多美妆品牌代言人的头部虚拟模特 Rozy 和 Lucy；DOB Studio 公司推出的虚拟歌手 Rui、Pulse9 及虚拟偶像女团 Eternity 等。Deepfake AI 的规模化应用，并不代表程式化制作数字人的企业和作品就绝迹了，韩国同样具有一定规模的动画虚拟偶像代表，如 Apoki 和 Aespa 分身等。

二、政策驱动产业发展

在国际竞争日趋激烈的大背景下，韩国仍成为全球五大文化产业强国之一，2021 年其文化输出占全球的 3.2%，位居全球第四，这与韩国政府的强力支持是分不开的。

对于文化的发展，韩国政府一直不遗余力地引导和支持。1998 年，韩国就确定了"文化立国"战略，颁布《文化产业振兴基本法》，设立了文化产业局，分设了电影、影像、文化产业政策等科室，大力支持游戏、动画、动漫、角色设计等行业的发展，并很快在亚洲地区乃至国际上拥有一席之地。在"韩流"遭遇寒冬之时，2015 年韩国投入约 26.52 亿元（人民币）支持内容产业再振兴，从建构投融资及技术基础、推进产业发展与创业等 5 个方面促进文化的振兴，尤其是着力推动具有跨界性质的内容服务发展，如开发可供民众体验的文化技术等。

当前，全球文化产业竞争升级为数字文化竞争，韩国也不会错过这个风口。2021 年 5 月，韩国科学技术信息通信部发起成立了包括现代、SK 集团等 200 多家韩国本土企业和机构在内的"元宇宙联盟"，并制订了详细的 5 年计划。在政策的支持下，韩国对数字人的投资得到增强，如韩国 AI 初创公司 Deepbrain 获得由韩国产业银行（Korea Development Bank）领投的 B 轮 4400 万美元的融资。Deepbrain 公司 CEO Eric Jang 称，这笔资金将用于扩大客户群体和全球业务，其中美国市场是业务发展重点。

目前，韩国政府已经出台了一系列有关新技术的倾斜政策，而 5G 和 XR 是这些政策中的核心。例如，在其公布的最新文化政策中，首尔市将着重强化硬件设施，在汉江岸边改造、修建韩国最大的沉浸式文化内容制作空间，设置 XR 工作室、VFX 工作室、录音室、编辑室、全息屏幕等，计划 2026 年建成支持融合艺术发展的综合服务中心，还将打造数字艺术中心。这是韩国加强文化技术、文化输出及强化文化地位政策的延续，明显加大了对在元宇宙领域发展的支持。

三、典型企业

韩国的众多企业也看好数字人的发展潜力，三星、LG 等韩国大型集团在生活服务行业发力数字人布局，一些初创企业，如 Sidus-X、DOB Studio、Pulse9 等也积极探索数字人的商业模式。

（一）三星

三星作为代表企业在相关技术领域布局多年，是元宇宙发展的主导力量之一，目前在数字人方向的技术较为强大。2020 年，三星旗下创新实验室 STAR Labs 独立开发的"人工智人"（Artificial Human）NEON 在"CES 2020"展会上正式展出，NEON 能够像真人一样快速响应对话、做出真实的表情神态，并且每次微笑都不尽相同，可以构建机器学习模型，在对人物原始声音、表情等数据进行捕捉并学习之后，形成像人脑那样的长期记忆。

（二）Sidus-X

Sidus-X 是韩国 3D 影像企业 Locus 的子公司，推出了韩国第一虚拟网红 Rozy，目前 Rozy 以虚拟广告模特和 Instagram 红人的身份活动。技术方面，Sidus-X 利用其母公司 Locus 的 CG、VFX 技术赋能，并在此基础上进行案例研究。Rozy 便是采用 CG 技术开发的，即以真人为对象拍摄后，通过 CG 技术将平面上绘制的 Rozy 脸部进行 3D 建模。鉴于真人脸部运动时骨骼和皮肤会一起运动，同时眼睛的眨动会带动周边骨骼和神经的移动，为确保效果逼真，Sidus-X 在贴图工序中还植入皮肤、骨骼、神经网络等。在运营模式上，Rozy 的运营公司为保证其 Instagram 帖子点赞数和评论数，设置了一个专业化的团队在社交平台上扮演 Rozy 与粉丝"沟通"。在商业价值方面，Rozy 所属公司 Sidus-X 以社交平台为营销中心，主攻广告代言这一变现来源。Sidus-X 也计划打造更多的虚拟模特，创造各种数字人内容，在元宇宙世界中成为"第一虚拟娱乐集团"。

第五节　中国：商业化场景应用落地提速

近年来，在政策、资本、技术、市场的驱动下，我国数字人产业总体发展水平不断进步，技术创新水平和商业应用能力大幅提升。

一、底层技术发展迅速

我国在数字人相关技术方面起步晚，但发展速度快，尤其是在人工智能技术方面，目前我国已成为仅次于美国的第二大国，在 AI 数字人领域毫不逊色世界先进国家。

（一）国家队构建中国标准人体数据库

2001 年，以"中国数字化虚拟人体的科技问题"为主题的香山科学会议第 174 次学术讨论会召开，期间首次提出了"数字化虚拟人体"的概念。随后，国家高新技术研究发展计划（863 计划）决定将"数字化虚拟人体若干关键技术"课题立项，即"虚拟中国人计划"，由第一军医大学（现南方医科大学）、首都医科大学、中科院计算所和华中科技大学等单位协同攻关。2003年，科技部召开专题讨论会，将"数字化虚拟中国人的数据集构建与海量数据库系统"课题再次立项，并于同年 2 月和 5 月完成了虚拟中国人女性 1 号和男性 1 号两套人体切片数据集的数据采集工作。

随后，在上海、重庆、广州三地完成 8 个已有文献正式报道的数据集，并在切片精度上进行了进一步提高，同时逐渐向应用领域延伸。中国标准人体数据库及后续的公开人脸数据集（库）的构建，为数字人的快速生成提供了样本，是我国快速实现数字人制作流程简单化的基石。

2017 年，国家卫计委提出了全息数字人计划（HDH）和人体信息模型（BIM），围绕健康医疗大数据应用，计划在 2020 年全面建成一个国家中心、七个区域中心，目标是大数据中心所有个案可视化、能够实时展示各种生命体征、各种特殊组学数据，包括各种生产、生活、生命中产生的所有数据及影像资料。虽然此项目也是数字人在医疗领域的应用，但全息数字人的概念也迅速应用到商业领域。严格地说，"复活"的邓丽君在 2022 年江苏春晚现身与周深合唱歌曲是 次应用全息技术的演唱，是将荧屏中的数字人在线下场景中的真实呈现，实现了真人与数字人在物理世界的现场交互，此种方法正是数字人打破虚实界限的关键。未来，全息数字人能够"直息直投"，实现"生成—投影"一体化，即每个人的数字分身都可以瞬间出现在世界的每一个角落。

（二）动画技术奠定数字人制作基础

与国外的路径一致，中国的数字人底层技术也脱胎于 3D 动画。2000 年，"繁荣国产动画片现场会"召开，随后广州、上海、成都等地设立多个动漫、游戏基地，但当时的中国只有 2D 动画。同年，游戏开发者大会（GDC）在深圳创建；环球数码总部在香港成立，并耗资 1.3 亿元出品中国首部 3D 动画电影《魔比斯环》，为制作这部电影，环球数码多次聘请来自迪士尼、Pixar（皮克斯）、梦工厂（PDI）、索尼图形图像制作公司（Sony Pictures Imageworks）等的顶级专家进行技术培训和督导制作。

虽然《魔比斯环》并未获得预期的票房，但在 5 年的时间里，为中国培训了近 500 人的 CG 技术人才。而从环球数码出去的人才，或创业或在各个机构生根发芽，我国逐步掌握了服务于 3D 动画的计算机图形技术和三维建模技术，也促进了我国 3D 动画的蓬勃发展，并诞生了一批优秀的作品，如 2005 年的《龙刀传奇》《魔魔岛》，2007 年的《秦时明月》，2009 年的《齐天大圣前传》等，尤其是《秦时明月》首次运用了动作捕捉技术，但使用的基本都是国外的专业软件。至此，我国通过推动动画行业的发展，从市场角度引进了完整的 3D 建模、计算机图形和渲染技术，并迅速进入国产化的快车道。

经过几年的锤炼和技术积累，随着 2015 年《西游记之大圣归来》的上映，中国的 3D 动画电影达到了新的高度，高精度、高视效的动作捕捉、渲染技术达到了国际先进水平。据新华社报道，2021 年上映的《白蛇 2：青蛇劫起》总渲染时长超 3 亿核小时，其中灯光渲染量占总渲染量的 85%，将虚拟场景和数字人的制作水平又推向了一个新的高度。在中国动画电影制作技术逐渐成熟的过程中，基于 CG 技术的中国首位虚拟歌姬洛天依诞生了。随着元宇宙的爆火，行业技术资源快速整合，数字人迅速成长为新生行业，新注册的数字人相关企业数量大幅增长。

（三）人工智能推动 AI 数字人弯道超车

我国对智能语音语义技术的研究虽起步稍晚，但在技术开发水平方面却是与世界领先国家相当的。1988 年，清华大学和中科院声学所在汉语听写机的研制上突破了技术瓶颈。1990 年，声龙发布第一款消费级语音识别产品 Dragon Dictate，这是我国第一款商业化的语音识别产品。直到 2011 年，科大讯飞将动态神经网络（DNN）首次成功应用到中文语音识别领域，智能语音语义技术在我国进入商业化应用阶段，并在后续几年中，技术不断升级，2016 年实现了"深度全序列卷积神经网络"在语音识别系统中的应用。随后，百度、搜狗同时推出了自己的智能语音识别系统，并且识别准确率达到了97%。

2022年7月，Gartner发布的《云AI开发者服务关键能力报告》显示，在语言AI技术领域全球十强企业中，阿里巴巴和百度分别位列第二位和第七位，尤其是阿里巴巴，斩获了语音和语义公共云市场两项第一。截至目前，阿里巴巴达摩院在智能语音领域有300多篇论文被国际顶会收录，在阿里云的基础设施上，研发了深度语言大模型体系AliceMind，具备阅读、写作、翻译、问答、搜索、摘要生成、对话等多种能力，并面向全球开发者开源；其新一代语音合成技术SAMBERT在情感、韵律、音质等多个维度优化建模，可生成生动、富有表现力的语音，能提供214种语言的互译服务。我国智能语音语义技术在全球的引领作用已经凸显，成熟、先进的语音语义技术平台为数字人在智能语音交互方面提供了高水平的保障。

二、四大驱动因素

我国数字人成果之所以在极短的时间内集中爆发，从小众走向大众，离不开政策推动、技术驱动、需求拉动和资本推动。

（一）政策推动

近年来，我国密集出台了多项政策，支持人工智能、5G、虚拟现实等数字人相关技术创新，以及在文化和娱乐产业等领域应用，并加强对信息安全领域的监管和规范。"十四五"规划纲要提出，推动三维图形生成、动态环境建模、实时动作捕捉、快速渲染等技术创新，发展虚拟现实整机、感知交互、内容采集制作等设备和开发工具软件、行业解决方案。《网络直播营销管理办法（试行）》提出，对利用人工智能、数字视觉、虚拟现实、语音合成等技术展示的虚拟形象从事网络直播营销的，应当按照有关规定进行安全评估，并以显著方式予以标识。《"十四五"数字经济发展规划》中提出，创新发展"云生活"服务，深化人工智能、虚拟现实、8K高清视频等技术的融合，拓展社交、购物、娱乐、展览等领域的应用，促进生活消费品质升级。

我国数字人领域的相关政策见表10。

表10 我国数字人领域的相关政策

政策名称	发布时间	数字人相关内容
《关于推进对外贸易创新发展的实施意见》	2020.11	充分运用第五代移动通信（5G）、虚拟现实（VR）、增强现实（AR）、大数据等现代信息技术，支持企业利用线上展会、电商平台等渠道开展线上推介、在线洽谈和线上签约等
《中华人民共和国国民经济和社会发展第十四个五年规划和2035年远景目标纲要》	2021.3	推动三维图形生成、动态环境建模、实时动作捕捉、快速渲染等技术创新，发展虚拟现实整机、感知交互、内容采集制作等设备和开发工具软件、行业解决方案
《网络直播营销管理办法（试行）》	2021.4	对利用人工智能、数字视觉、虚拟现实、语音合成等技术展示的虚拟形象从事网络直播营销，应当按照有关规定进行安全评估，并以显著方式予以标识
《广播电视和网络视听"十四五"科技发展规划》	2021.10	推动虚拟主播、动画手语广泛应用于新闻播报、天气预报、综艺科教等节目生产，创新节目形态，提高制播效率和智能化水平
《"十四五"电子商务发展规划》	2021.10	支持各类企业运用5G、人工智能、虚拟现实/增强现实、3D打印等新技术构建形式多样的线上消费场景，探索人机互动新模式
《"十四五"数字经济发展规划》	2022.1	创新发展"云生活"服务，深化人工智能、虚拟现实、8K高清视频等技术的融合，拓展社交、购物、娱乐、展览等领域的应用，促进生活消费品质升级
《上海市培育"元宇宙"新赛道行动方案（2022—2025年）》	2022.7	重点实施数字人全方位提升工程，促进数字人在数字营销、在线培训、电商直播、影音娱乐、服务咨询等多场景的应用
《北京市促进数字人产业创新发展行动计划（2022—2025年）》	2022.8	到2025年，北京数字人产业规模突破500亿元，培育1~2家营收超50亿元的头部数字人企业、10家营收超10亿元的重点数字人企业；建成10家校企共建实验室和企业技术创新中心；打造5个以上共性技术平台；培育20个数字人应用标杆项目；建成两个以上特色数字人园区和基地

资料来源：根据网络公开资料整理。

（二）技术驱动

新一代信息技术深入融合创新成为数字人不断演进发展的重要动力。在过去的一段时间里,数字人以动漫、游戏形象为主,主要集中在影视娱乐领域,制作效果较为粗糙,无法与用户进行交流互动。近年来,随着建模、驱动、渲染等技术的逐渐成熟,数字人在制作过程上得到有效简化,具备超写实外貌和自然流畅的表情与动作,真实感和写实度显著提升。人工智能在多模态融合上取得的进展,使数字人在视觉、听觉等方面上实现了多维度感知,驱动实现智能化升级。AR/VR 和 5G 技术深度融合,助力实现线上直播互动和角色视频录制等,使用户沉浸在三维动态实景中获取更加真实的智能交互体验。

数字人技术驱动流程见图16。

图 16 数字人技术驱动流程

(三)需求拉动

信息技术的迅速发展和全面普及将人类引入数字化赛博空间,人们渴望在虚拟世界延伸体验,获取更为广阔的生活场域,满足现代社会生活的多元化需求。作为连接数字世界和现实世界的重要媒介,数字人为用户提供视觉、听觉、触觉等综合体验,实现人类感官维度的全面拓展。在和不同行业场景结合的条件下,与用户产生互动的数字人实现与三维赛博空间的直接连接,能够给真实世界的人们带来更丰富的体验和创造更多的应用价值。影视、零售、游戏、文旅等领域也迫切需要与数字人进行深度融合,优化产品内容和服务体验,丰富各类应用场景,拓展产业应用边界。有研究机构预测,预计 2030 年,我国身份型数字人市场规模占比最大,达到 1474.3 亿元

（见图 17）。以虚拟偶像为代表的数字人已成为深受"Z 世代"喜爱的娱乐元素。根据艾媒数据，2021 年我国 39.6%的网民为虚拟偶像日均花费 1～2 小时。

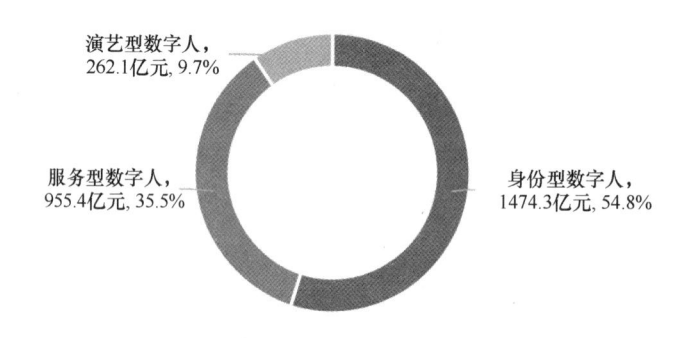

演艺型数字人，262.1亿元，9.7%
服务型数字人，955.4亿元，35.5%
身份型数字人，1474.3亿元，54.8%

图 17　2030 年我国数字人市场规模预测

（资料来源：根据网络公开资料整理。）

（四）资本推动

数字人已经成为当前公众接触和了解元宇宙的重要窗口，有望成为元宇宙版图中最先快速发展并规模创收的产业。为抢抓市场机遇，众多企业纷纷入局数字人领域，资本市场也开始重点关注相关赛道，数字人领域或将迎来快速爆发期。有数据显示，自 2020 年以来，数字人相关企业数量逐渐呈现快速增长趋势。其中，2020 年相关企业新增数量为 36080 家，2021 年新增 66293 家。2022 年年初，国内数字人相关企业存续数量超 16 万家。据统计，2021 年数字人相关企业融资共有 2843 起，融资金额达 2540 亿元，吸引了包括红杉、IDG、顺为资本在内的一线基金入局。2022 年 1 月，数字人领域融资就接近 100 起，融资金额超 4 亿元。

2021 年我国数字人相关领域投资情况见表 11。

表 11　2021 年我国数字人相关领域投资情况

时间	公司名称	业务领域	投资者	投资金额
2021.1	北京中科深智科技有限公司	虚拟直播 实时动画	金沙江创投 MYEG Capital 盛景嘉成	数千万元（RMB）

(续表)

时间	公司名称	业务领域	投资者	投资金额
2021.3	杭州万像文化科技有限公司	数字人及数字资产综合服务	SIG 海纳亚洲创投基金	数百万元（USD）
2021.7	北京次世文化传媒有限公司	虚拟人生态	创世伙伴资本 顺为资本	500 万元（USD）
2021.8	上海半人猫文化传播有限公司	超写实数字人内容	万像文化	数千万元（RMB）
2021.9	深圳智梦空间网络科技有限公司	实时在线虚拟活动	蓝驰创投 新浪微博基金	数千万元（RMB）
2021.9	广州虚拟影业有限公司	3D 原创动画虚拟演员的设计与运营	峰瑞资本	超千万元（RMB）
2021.10	北京次世文化传媒有限公司	虚拟人生态	网易 冻域资本 顾为资本 创世伙伴资本	数百万元（USD）
2021.11	北京中科深智科技有限公司	AI+XR 影像内容生产技术	晨山资本 MYEG Capital	数千万元（USD）
2021.11	杭州万像文化科技有限公司	数字人及数字资产综合服务	SIG 海纳亚洲创投基金	数千万元（USD）
2021.12	北京世悦星承科技有限公司	数字内容研发及运营	网易	数千万元（RMB）

资料来源：根据网络公开资料整理。

三、典型企业

近年来，在元宇宙浪潮的推动下，面对广阔的市场前景，我国企业在数字人领域进行重点布局，以数字人为切口进军"元宇宙"领域成为企业发展的重要行进方向。天眼查数据显示，我国现有数字人相关企业 38 万多家。

（一）商汤科技

商汤科技是一家行业领先的人工智能软件公司，于 2014 年在香港成立，长期投入原创技术研究，不断增强行业领先的全栈式人工智能能力，涵盖感知智能、决策智能、智能内容生成和智能内容增强等关键技术领域，业务已覆盖智慧商业、智慧城市、智慧生活、智能汽车四大板块。

2016年，商汤科技开始试水数字人领域，并为此实施融资计划，且十分成功。经过3年的铺垫和研发，2019年在商汤人工智能峰会上，多款人工智能产品发布。在AR领域，商汤科技从3方面完善AR解决方案：SenseAR特效引擎、SenseAR开发者平台2.0、与Unity开展的生态合作。其中，商汤科技原创的SenseAR特效引擎，能够识别和定位图片及视频中的人物面部、手势、肢体等部位，为娱乐互联网行业的短视频、直播、图像美化、社交等应用提供增强现实特效解决方案。在Avatar面部关键点检测跟踪功能的基础上，SenseAR特效引擎利用3D渲染对用户面部进行重建，让每个人都可以拥有实时的自我虚拟形象：它可以成为你的专属在线老师，也可以代替你参加电视节目的录制，还能在线直播与粉丝进行互动；SenseAR 2.0升级为SenseAR Cloud平台后，未来将用于多人共享、多人融合、跨时间交互、线上社交、线下户外互动等场合的AR交互。可以看出，在技术层面，2019年商汤科技已经全面具备了数字人制作能力。

2019年，商汤科技与完美世界合作，利用动作捕捉技术驱动游戏中的3D武侠角色，实现了极具代入感的AR互动功能；携手故宫"复活"孔子，还原古代科考的真实场景（见图18）。在2020年的世界人工智能大会（WAIC）上，商汤科技的AI数字人"小糖"作为展台的专属讲解员亮相，为观众介绍和讲述AI技术在医疗、教育、文博、工业、科研等领域的应用和落地故事。小糖是由AI生成的虚拟人物，从语言表达方式、嘴型、表情、眼神到全身动作，都具有非常高的拟真程度，我国第一位商业化的服务型数字人走进现实生活中。AI数字人已成为商汤科技发展道路上的一个新的方向，商汤科技也成为我国数字人行业的专业生产商和服务商。

自2021年开始，商汤科技的AI数字人相关产品逐步落地，市场规模不容小觑。商汤科技围绕"拟人化"和"自动化"两大维度，持续进行与数字人相关的AI技术和算法的研究与投入，不断夯实自身AI数字人的生产力底座。据了解，在计算机视觉方面，商汤科技视觉相关算法模型累计超过30000个；

在语音语义理解方面,商汤科技自研并具备包括语音识别、语义理解、语音合成等多项技术在内的能力;商汤科技提供企业级 AI 数字人解决方案,为千行百业赋能。作为 AI 数字人技术的领导者之一,商汤科技以原创的多模态交互、深度学习和全栈式的人工智能生成内容(AI Generated Content,AIGC)技术,构建了智能化生成、智能化驱动和智能化交互三大引擎,打造出"一站式"AI 数字人生产流水线,在媲美真人的基础上,让 AI 数字人"更聪明、更专业",并实现"听得懂、看得见、说得出"的人机交互效果。

图 18　商汤科技携手故宫"复活"的孔子形象

(二)聚力维度

聚力维度的前身是 2012 年成立的十二维度(北京)科技有限公司,专注于计算机视觉和人工智能技术的研发与应用,是国家级高新技术企业、中关村高新技术企业、北京市专精特新中小企业之一;曾获"互联网+"双创赛国家级金奖、全国总亚军、高通人工智能应用创新大赛白金奖等多项荣誉。

2016 年 6 月,聚力维度开始专注于数字人技术研发,在无限接近真人表现力的高级别数字人,建模—驱动—内容生产的数字人全栈技术,免穿戴、低成本、高质量单目摄像头动作捕捉,影视级表情捕捉,不需要标记点精准捕捉上千个面部微表情等方面,具有核心优势。聚力维度以"科幻成真"为理念，基于自研 AI 算法，打造了高级别虚拟数字人 AI 生产端平台——赛博演猿。面向不同的行业需求，聚力维度提出用人工智能代替人工完成各种以数字人为中心的内容解决方案，以期能够更高效、更便捷、更低成本地进行数字内容创作。

2017 年，聚力维度进入了更广阔的原创内容赛道，利用人工智能来创造新的内容创作形式，具体来说就是数字人技术。2021 年，聚力维度自研的单目摄像头技术具有国际领先水平，能够实现高级别数字人的表情、动作捕捉，并致力于打造元宇宙时代的数字人内容制作生态，在建模和驱动两方面都做出了自己的独特优势。通过自主研发的算法等技术，聚力维度在按具象要求定制建模方面，实现了全流程制作时间压缩至行业的 1/3，价格却只有行业的 1/2；在按非具象要求定制建模方面，实现了快速上手投入生产使用，模型价格低至几万元。在驱动方面，聚力维度做到了"0+0+0"，即 0 穿戴，不穿戴任何设备即可驱动虚拟形象；0 外接设备，不需要任何外接设备即可精准捕捉上千个面部微表情；0 门槛，实现动作捕捉仅需要单个家用普通 RGB 摄像头。

今后，聚力维度的技术发展方向如下：一是结合物理的人体 4D 数据采集与智能重定位技术；二是基于多相机阵列的人脸表皮 4D 数据采集与人脸智能建模技术；三是研发 VR 数字人全身动作捕捉引擎系统。聚力维度的软件拥有完全自主知识产权，已取得数十项发明专利及软件著作权，包括"深度学习 2D 转 3D 单元像素块深度图修改方法及设置""全景图片处理方法和装置""用于视频 2D 转 3D 的自动补图方法""一种 3D 360 度的虚拟现实直播方法及装置""对图像进行 2D 转 3D 的方法及装置"等，正在申报的专利有"一种人体全身动作捕捉方法、装置、存储介质及终端""一种人脸表情捕捉方法、装置、存储介质及终端""用于虚拟现实场景中手势捕捉的手套系统""一种动作捕捉方法和系统""一种手部捕捉方法和系统"。

（三）相芯科技

相芯科技长期专注于图形学技术和人工智能技术的深度融合，为搭建数字世界提供必要的技术和工具，构建逼真的、能连接现实与虚拟世界中的"人、物、景"的数字内容，拓展虚拟现实应用空间，赋能企业元宇宙生态。

相芯科技自主研发的"虚拟数字人引擎"已在逾千家国内外企业得到规模化应用。其代表产品"AvatarX 虚拟数字人平台"，依托独创的数字人引擎，为各行各业提供虚拟形象生成、定制、驱动等服务，帮助企业客户打造面向未来的、更具差异化的虚拟人应用产品和数字资产，已在金融、政务、电商、汽车、手机、媒体、新零售、社交等领域得到应用。此外，相芯科技虚拟数字人引擎为打造超写实的虚拟偶像提供了全方位的技术支撑，其打造的国风虚拟偶像南梦夏，无论声音、语言、表情、动作都具备了真人质感并具有交互能力，实现了影视级的动态效果，上线短短几日就在社交媒体获得数万粉丝，并已签约《瑞丽》杂志，得到了白象等众多知名品牌的青睐，获得了代言人等商业合作（见图19）。

图19 相芯科技超写实虚拟偶像南梦夏

针对市场需求，相芯科技近期又推出"虚拟直播带货"服务，助力品牌依托自有账号矩阵，掀起品牌直播带货的热潮，实现 7 天×24 小时不间断直播带货，提升直播间权重获得更多流量，沉淀粉丝，有效助推商品销售转化，升级账号等级享受更多直播/店铺权益。该服务配置轻松，操作简单，支持抖音、淘宝、京东、快手、拼多多等多个平台接入，提升全链触达效果，低成本、高效率打造电商直播全时全服务，最大化实现盈利。

第三章

数字人产业生态图谱

每一个数字人诞生的背后都是一个系统工程，无数个企业、社会群体投身于数字人产业，为人类、机器人、数字人共存时代的到来贡献力量。

数字人开辟了数据驱动、跨界爆发的新赛道。越来越多不同类型数字人的出现，为人们打开了探游虚拟世界的大门。这个行业的健康发展，离不开产业链上下游的协同，离不开众多企业的通力合作。其中，领军企业和平台企业是引领行业发展的主导力量，初创厂商在发展大势中快速成长、脱颖而出，正成为引领发展的新兴力量。

第一节 数字人产业链

仅仅依靠单个企业无法塑造新的业态、打造新的模式。初音未来诞生的背后，离不开语音合成软件开发商和动漫制作商、运营商等各方的通力合作，这种合作打造出了数字人商业化的第一个链条。数字人行业的蓬勃兴起，源于众多企业精准洞察到应用需求，看准这个具有爆发式增长潜力的、蕴藏海量市场机会的发展领域，瞄准一个环节，打造一个发展模块，通过跨界联合，形成一个紧密合作的产业链，最终才形成上下游融通发展的产业生态。

一、产业链图谱

数字人的制作过程涉及多个环节。从产业链的角度来看，产业链的上游主要包括数字人制作的设备与原材料，即数字人制作用到的人工智能技术、硬件和软件，以及数字人运营支撑的原材料——内容与 IP；产业链的中游是生产制造及服务，即数字人制作厂商和制作平台，以及生产服务和生产监管等；产业链的下游是市场与消费，即数字人应用主体及个体消费者，包括文化娱乐、商业零售、企业服务、政府治理等。数字人产业链图谱见图 20。

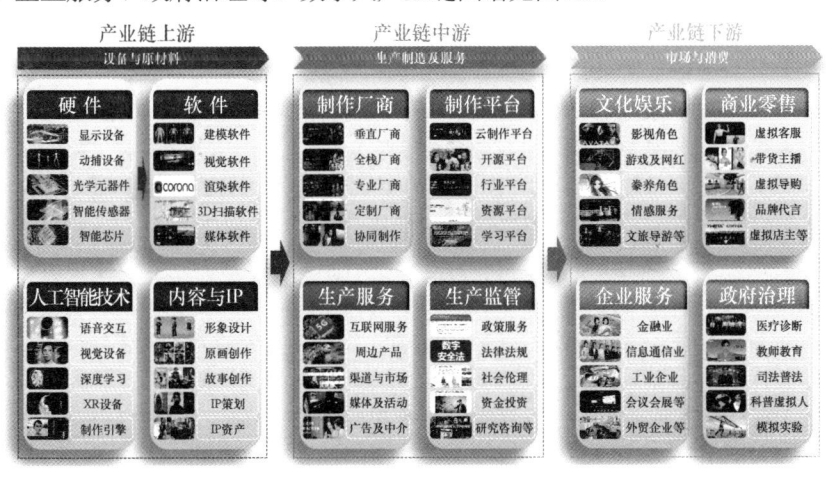

图 20 数字人产业链图谱

规模庞大的数字人群体已来到我们的生活中,并且数量仍以极高的速度增长,这都离不开产业链上游的支撑,不断优化的集成制作系统和无缝衔接的制作流程极大地提高了数字人的生产效率,形成了数字人"现象级"发展的繁荣景象。数字人制作主要用到的软/硬件及设备见表12。

表12 数字人制作主要用到的软/硬件及设备

制作内容		设备	硬件	软件
形象设计	写实/超写实形象	计算机	网络硬件	视觉软件、捏脸软件
	二次元形象	计算机、绘画面板	网络硬件	Sai2、Photoshop等绘画软件
	卡通原画及三视图	计算机、绘画面板或数位板(屏)、压感笔	计算机硬件	Sai2、Photoshop、CLIP STUDIO PAINT、Painter、Open Canvas、ComicStudio、Alias SketchBook、ArtRage等绘画软件,AutoCAD、SolidWorks、CATIA等三视图制作软件
人体建模	图片3D化还原建模	计算机、高速摄像机、摄像头	GPU芯片等	Romexis 3D、Media Converter、PSDto3D等
	3D扫描建模	人体扫描仪、扫描相机、高光谱相机	光学硬件	3D Scanner、Autodesk ReCap Pro 2023、Artec Studio等
	人工雕刻建模	计算机	GPU芯片等	3D MAX、MAYA、C4D、Houdini、ZBrush、Blender、SketchUp、Lumion、Lightwave 3D、Rhino等CG软件
	AI建模	计算机、照相机、摄像机	摄像头	深度伪造软件、BML Notebook、Adobe Illustrator、Digital Twin/AI Modeling
动作捕捉	机械式(惯性)动作捕捉	动作捕捉仪、动作捕捉服、信号捕捉设备、数据传输设备、数据处理设备等	惯性传感器、发送器、接收器、处理单元等	Motion Analysis、Polhemus、Sega Interactive、MAC、X-Ist、FilmBox、NOKOV
	光学动作捕捉	高速光学摄像机、光场设备	光学传感器、位移传感器等	NOKOV、CMTracker、Unity3D、UE4、MotionBuilder、动作捕捉后处理软件
	电磁式动作捕捉	电磁式运动追踪系统	电磁发射源、接收传感器和数据处理单元	Virtual Motion Control、VTmini等

(续表)

制作内容		设备	硬件	软件
动作捕捉	计算机视觉动作捕捉	计算机、计算机视觉系统	定位装置、网络摄像头	MotionMonitor、OpenCV、Super Annotate、Adaptive Vision Studio
形象驱动	真人驱动	动作捕捉设备、录音设备、摄像机、监控系统	网络摄像头、声音控制器、GPU 等	Motionface、BOOTCAMP、Avatar Studio、OPENVERSE 等
形象驱动	AI+算法驱动	计算机	算法芯片、GPU	Supreium ADR、AI Python Docstring Generator、Quod AI Code Commenter、GitHub Copilot、Quod AI Code Search、Kite、Debuild
成品渲染	局部/全局光照渲染	计算机、Quicksilver 硬件渲染器、ART 渲染器、Arnold 渲染器等	GPU	Luxion KeyShot、Corona Renderer、Mental Ray、V-Ray、Arnold for MAYA、Mantra、Maxwell Render、Redshift
成品渲染	云渲染	云服务器、计算机、网络设备	云芯片	Unity、Unreal Engine、Octane Render（或称 OC 渲染器）、Chaos V-Ray
交互应用	"中之人"虚拟化	计算机、摄像机、录音设备、动作捕捉设备等	5G 通信网络，云边协同计算设备，以及芯片、传感器和 IoT 等	DeepMotionBrain、SenseAR Avatar（商汤科技）、MetaEngine 和 NVIDIA Ominiverse（浪潮）、Pixso
交互应用	多模态智能交互	计算机、计算机视觉系统、监控系统、云服务器等	DSA 硬件、CPU+AI Core、DSP + AI Core、GPU CUDA + AI Core、5G 硬件、云计算芯片等	中间件 Conduit、CDVI、外设驱动软件 Trackd 等，以及语音识别（ASR）、语音合成（TTS）、语音动画合成（STA）、自然语言理解（NLP）等软件

资料来源：根据网络公开资料整理。

二、产业链上游：数字人制作底基

就像城市建设需要交通、电力等基础设施一样，数字人制作也需要数字基础设施。数字人产业链的上游就是基础支撑层，主要包括硬性支撑和软性支撑。硬性支撑指数字人制作涉及的硬件与设备、软件与引擎，软性支撑指数字人前期的内容制作和 IP 策划。

（一）底层软硬件及设备

数字人发展依靠的底层基础软硬件有计算机设备、电子元器件、网络基础设施，以及操作系统等。这些通用设备、软件和新型基础设施，涉及数字经济发展的方方面面，是数字化发展不可或缺的基础。

每个数字人都是一个超大文件，需要强大的存储、运行、计算等软硬件支撑系统。通用设施技术主要包括 5G 通信网络、云边协同计算，以及芯片、传感器等软硬件设施。超写实数字人模型在数据传输方面对网络带宽和稳定性有较高要求，高传输速率的 5G 网络，结合云边协同计算，能够实现数字人模型的高精度、实时渲染效果。同时，数字人原始数据及用户数据的采集离不开传感器；而传感器数据预处理和数字人模型渲染、AI 计算等也需要芯片来实现。通用设施技术为数字人系统的创建和落地打好了数字化基础。

数字人制作专用硬件及设备，主要有图像显示设备、动作捕捉设备、光学元器件、智能传感器、AI 算法芯片等。图像显示设备和动作捕捉设备主要包括 3D 扫描仪、摄像机、手机、电视、LED 显示屏、VR 设备、裸眼立体设备和数据传输设备等。光学元器件主要包括视觉传感器、红外高速相机、用户显示器等。智能传感器用于数字人原始数据及用户数据的采集。AI 算法芯片用于传感器数据预处理、数字人模型设计、云计算和云存储。

GPU、传感器国产化加速

GPU 和传感器是数字人制作需要的关键硬件，国外在这些领域发展较早，整体的技术和实力处于领先地位。我国企业近年来奋起直追，加快自主创新步伐，国产化水平逐步提升。

图形处理器（GPU）是一种专门用于图形、图像运算的微处理器，适合执行复杂的数学和几何计算，能够进行并行运算。GPU 芯片的适用范围广泛，已成为人工智能芯片的首选。近年来，我国 GPU 国产化发展步伐加速，典型企业有景嘉微电子、芯动科技、天数智芯、摩尔线程、壁仞科技、沐曦集成、登临科技和砺算科技等，许多企业已经将 GPU 芯片投入量产。景嘉微电子和矽睿科技的介绍如下。

景嘉微电子成立于 2006 年，是国内首家成功研制国产 GPU 芯片并实现大规模工程应用的企业，掌握了芯片底层逻辑/物理设计、超大规模电路集成验证、模拟接口设计、GPU 驱动程序设计等关键技术，在 GPU 体系结构、图形绘制高效处理算法、高速浮点运算器设计、可复用模块设计、快速大容量存储器接口设计、低功耗设计等方面有深厚的技术积累，先后成功研制了 JM5 系列、JM7 系列、JM9 系列等具有自主知识产权的高性能 GPU 芯片，为国内 GPU 的发展做出了突出的贡献。

传感器被称为"数据之母"，是人们获取数据的重要手段，具有技术密集、渗透力强、多品种、小批量、使用灵活、应用广泛等特征。目前，国内传感器企业众多，在技术创新、产品研发、制造工艺、产品性能等方面较以往均有不同程度的提升。真人驱动数字人在制作过程中主要依靠动作捕捉技术，基于惯性传感器获取人员的运动加速度、方位和倾斜角等运动数据。目前，国内生产惯性传感器的厂商主要有深迪半导体、矽睿科技、敏芯股份、无锡慧联。

矽睿科技成立于 2012 年，专注于高质量传感器产品的设计、制造及增值应用与服务，致力于成为以应用为导向的多传感器平台，提供智能、集成、经济的传感器解决方案。公司产品包括：MEMS 传感器，如六轴 IMU、加速度计、环境传感器、组合传感器等；磁性传感器芯片，如磁力计、磁编码器、电流传感器、霍尔传感器等；汽车与物联网智能模组和系统。应用市场覆盖智能家居、智能穿戴、智能制造、智慧交通、物联网、AI 等领域。公司拥有 300 余项国内外授权专利，在全球拥有 13 处分部。公司产品六轴 IMU 获"中国半导体创新产品和技术""2021 年'物联之星'年度评选之最佳创新产品奖""2021 年最佳传感器芯片"荣誉，公司荣获"2021 年'物联之星'年度评选之最有影响力物联网传感企业奖""2021 年投资界 VENTURE50""2021 年投资界数字科技 VENTURE50""2020 年中国半导体 MEMS 十强企业""2020 年中国 IC 风云榜年度独角兽公司""中国制造业隐形冠军"等奖项。

（二）动作捕捉设备及软件

不同的动作捕捉方式用到的设备和软件是不同的。多数企业一般都具有惯性动作捕捉和光学动作捕捉两种系统；少数企业只专注于其中一种，走更加专业化的道路。

英国的 Oxford Metrics Limited 公司是动作捕捉界的佼佼者，其 VICON 系统是世界上第一个被设计用于动画制作的光学动作捕捉系统（见图 21），参与了众多脍炙人口的影视巨作的制作，如《角斗士》《泰坦尼克号》《星球大战》等。目前，这家公司与诸多数字人制作公司合作，如与新西兰的 Kara Technology 公司合作，通过动作捕捉、人工智能和超写实数字人技术，将视频、音频、文本等各种媒体内容翻译成手语，旨在帮助听障群体和失听儿童在独立学习、阅读及教育上享有平等权利，让听障人士可以随时随地无障碍地获取服务和信息。

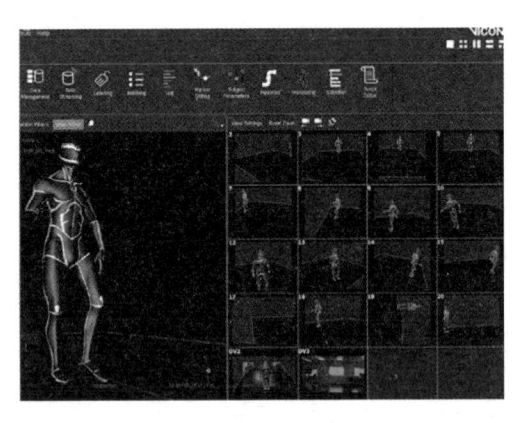

图 21 英国 Oxford Metrics Limited 公司的 VICON 动作捕捉系统

国产动作捕捉设备的崛起

动作捕捉（Motion Capture）也称为动作追踪（Motion Tracking），简称为动捕（MoCap），主要用于记录物体移动的过程并将其模拟到数字模型中。一般认为动作捕捉技术起源于美国，1915 年马克思·弗莱舍（Max Fleischer）发明了 Rotoscope 技术，并开始将其应用于动画电影制作中。

20世纪80年代，美国Biomechanics实验室、麻省理工学院等先后对此进行了研究，将动作捕捉技术向前推进了一大步，使其逐渐从试用走向了实用，并出现了一大批厂商，如Motion-Analysis、SEGAInteractive、Polhemus、FilmBox、MAC等，这些厂商目前仍是行业内的佼佼者。

我国在动作捕捉设备研发方面起步晚，但发展较快，在国际市场上也有了一席之地。目前，诺亦腾是我国动作捕捉设备厂商的领头羊，并且是具有国际竞争力的知名企业，国承万通利用激光定位技术开发的动作捕捉系统也获得了广泛关注。

诺亦腾，成立于2012年，作为具有自主研发能力的动作捕捉设备厂商，研发了一系列具有完全自主知识产权、低成本、高精度的动作捕捉系统，从基础的入门级万元产品，到大空间的光惯混合产品有着明确的使用场景分类。尤其是诺亦腾开发的Perception系统——一款基于惯性传感器的全身动作捕捉系统，融合了传感器技术、无线传输、人体动力学、计算机图形学等多种技术，有着极高的技术门槛，世界上仅有少数几家公司能够达到。Perception主要拥有两款产品，即面向高端客户的Perception Legacy与面向个人开发者的Perception Neuron。此外，诺亦腾正致力于开发动作捕捉技术平台和世界领先的无线高速动作捕捉技术系统，未来必将在动作捕捉设备领域攀上新的高峰。

国承万通，成立于2013年，是一家致力于打造下一代计算平台的高科技公司，在毫米级大空间激光定位、动作捕捉、力反馈等技术领域处于领先地位。在HTC Vive推出VR产品后，国承万通的新兴激光定位技术获得广泛关注。作为国内第一家使用激光定位技术的动作捕捉公司，国承万通具备相当的技术积累和储备。由于激光定位的特殊性，在理论上，场地中使用较少的激光发射器就能达到与红外光定位同样的动作捕捉效果。而国承万通也因此成为最有潜力的一家企业。

（三）建模、渲染引擎及软件

目前，在数字人制作过程中耗时最长、最复杂、对硬件要求最高的技术之一是渲染；未来，数字人渲染有望在引擎中"一站式"、低成本、快速完成。Unity 是全球知名的游戏引擎公司，也是实时 3D 互动内容创作和运营平台，业务涵盖游戏开发、美术、建筑、汽车设计、影视再创作，也是世界上首个将数字人制作流程公开分享的公司。目前，这家公司的渲染技术也是全球领先的，主要通过模型导入、烘焙贴图、渲染参数设置、灯光设置、渲染参数调整、渲染效果导出几个步骤来完成对作品的渲染。

Unity 2021 LTS 在高画质渲染方面增加了云层渲染、光追等功能，在通用渲染管线（URP）方面也增加了很多的新功能，并实现了面向数据的编程技术栈（DOTS）。2022 年 5 月，Unity 2022.1 开放下载，其改进了 280 多项功能并增加了 70 多种全新特性。在高画质渲染方面，其增加了对头发、布料等的渲染，并发布了第一个超逼真数字人，以 4K 分辨率实时渲染，让数字人的眼睛、头发、皮肤等细节看起来与真人无异（见图 22）。在面向数据编程方面，其实现了多线程编程，能运算支持大量的物体、道具等。光追功能也在 2021 年测试版的基础上推出了正式版。一套完整的多人连线游戏系统也正在开发中，如果应用到数字人制作中，就能实现数字人连线互动。

图 22　Unity 渲染引擎的超逼真数字人渲染效果

（四）活动场景制作环节

数字人也需要活动场景（背景）。除了通过三维设计预设活动场景，超写实的数字人活动场景主要通过先进的体积捕捉技术和 3D 捕捉技术来实现。2017 年，微软"MR 捕捉工作室"（Mixed Reality Capture Studios）联合

Hammerhead VR 和 Digital Catapult 在英国伦敦成立了 Dimension Studio，一家从事体积捕捉与 3D 捕捉的工作室。Dimension Studio 会在真实场景中安装多角度的摄像头用于实景捕捉，或者使用数码单反相机和激光雷达扫描仪来捕捉建筑物的外形，结合摄影测量技术，在柔和的照明环境下，就能够得到非常高质量的模型和纹理。最后，把拍摄、扫描后的数据变成如照片般逼真的数字场景，在被点亮并投放到 LED 屏幕上后，用户就可以从任何角度观看动态图像，也可以自由选择视角，从任何 3D 位置上生成动态场景。Dimension Studio 通过对伦敦城市结构扫描生成的超写实活动场景见图 23。

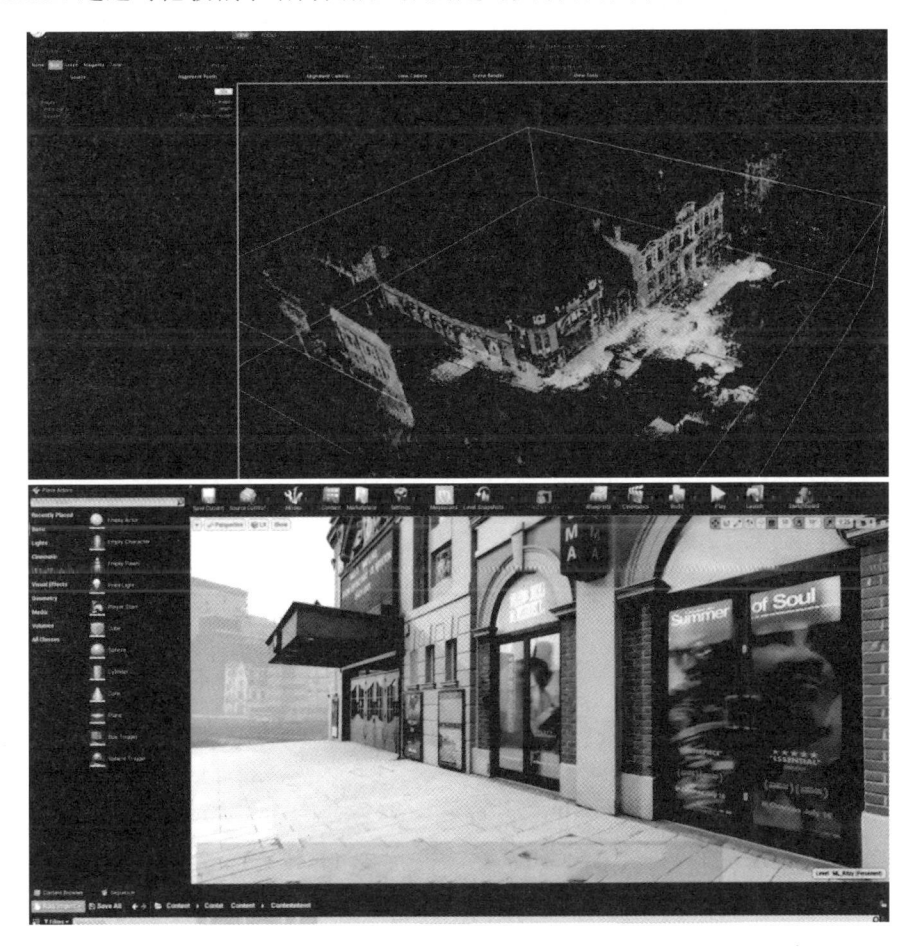

图 23　Dimension Studio 通过对伦敦城市结构扫描生成的超写实活动场景

数字人：元宇宙的先锋

数字人制作软件除了基础软件，还有建模软件、计算机成像和制图软件、渲染软件、音视画编辑软件、社交软件等。建模软件能够对数字人的人体框架、外在形象及活动场景进行三维建模，如 3D MAX、XFrog 软件；计算机成像和制图软件主要用于对数字人三维立体形象进行制作；渲染软件主要对灯光、毛发、衣物等成品进行效果转化；音视画编辑软件和社交软件，能够对数字人角色、动作、情感、内容等进行创作和编辑，赋予数字人能动性，达到模拟仿真的相应标准，并进行传播。

我国在建模、渲染等软件领域已有所突破

在基础软件和 3D 建模软件方面，我国还处于起步阶段，常用软件基本被国外厂商垄断。例如，3D MAX，是当今世界上销售量最大的三维建模、动画及渲染软件；MAYA，是世界顶级的三维动画软件，应用对象是专业的影视广告、角色动画；ZBrush，是一款数字雕刻和绘画软件，以强大的功能和直观的工作流程著称，始终处于产业链的顶端。我国目前还没有在行业中叫得上名字的三维建模软件，虽然重建云、重建大师是基于人工智能建模引擎 G-Engine 算法包装出来的两款自动建模软件，拥有完全自主知识产权，并且已经面世，但行业影响力还远远不够，在数字人制作领域的应用也极少。

在渲染软件方面，国外主流引擎有 Unity Technologies 公司的 Unity 3D，以及 Epic Games 公司的 Unreal Engine 等；我国的渲染云引擎，如海马云、呆猫云、炫云、瑞云等在线渲染平台，目前基本满足国内对渲染的需要。

（五）智能交互硬件及软件

据国际权威研究机构 Gartner 2022 年 5 月公布的《云 AI 开发者服务关键能力报告》，在 AI 语言、计算机视觉、机器学习技术方面综合实力最强的莫过于 Google，其次便是我国的阿里巴巴，这些技术其实也是数字人制作过程中用得最多的人工智能技术。2018 年，在 Google I/O 大会前，谷歌宣布将"谷歌研究"（Google Research）更名为"谷歌人工智能"（Google AI），向全

世界宣布人工智能（AI）的布局图景，智能语音技术便是其中最重要的一项，并向世人演示了其研发成果——Duplex 技术（见图 24）。这项技术能够通过算法编程实时实现语音交互，它的出现标志着智能语音助手时代的到来。2021 年，Google 发布了高质量、强大的语音到语音翻译（S2ST）人工智能系统，这是世界各地之间打破语言障碍的关键技术。这个系统主要由语音识别、机器翻译、语音合成系统组成，能够有效地实现端到端的训练，并且具有在翻译过程中保留原说话者语音的独特技能。

图 24　2018 年 Google 发布智能语音技术 Duplex

（六）形象设计设备及软硬件

在数字人形象设计过程中，"抠细节"是最常做的工作。为了让数字人显得更真实，设计师需要花费巨大的精力和时间。人物形象设计师通过操作数位板，利用 CG 动画软件，可以对数字人形象打磨到精细到皮肤上的绒毛，甚至连毛孔都不放过的地步。为了确保数字人发型精致、逼真，技术团队甚至把数字人的头发分为若干分区，并逐一测试、调整发丝的走向。目前，许多企业在这个领域精耕细作，还有诸多传统的动漫制作企业已经渗透到数字人制作业务的前端，从事数字人形象设计。庞大的需求也吸引了无数的专业设计师提供独立服务，形成了庞大的专业制作群体。形象设计效果展示见图 25。

数字人：元宇宙的先锋

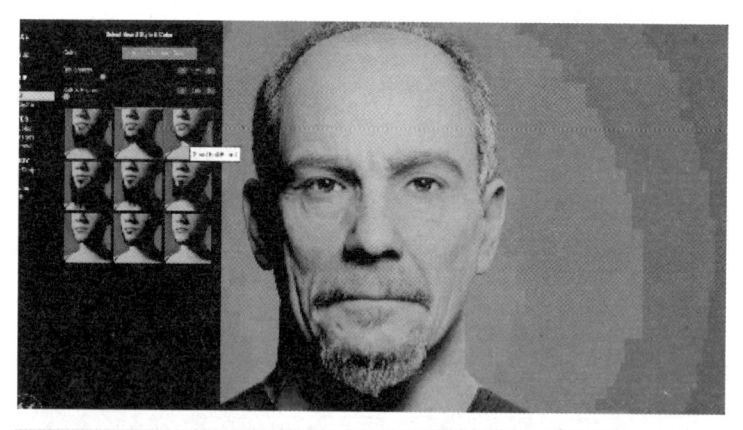

图 25　形象设计效果展示

前面提到的数字人形象设计方法耗费时间较长，并且成本较高，无法实现"一键式"快速生成。美国 Epic Games 公司发布的一款高保真数字人创作工具 MetaHuman 能够实现快速生成。这个工具可以直接对扫描生成的数字人面部特征进行调整，包括脸型、肤色、五官特征等，甚至可以编辑牙齿，然后从预设的发型、身体类型、服饰中选择合适的搭配，快速完成数字人角色制作，其包含完整的绑定，可以直接在虚拟引擎或 MAYA 中进行动画制作。新版本的 MetaHuman 更是带来了很多新的功能，如网格体转 MetaHuman 功能及 UE5 新角色绑定和动画功能，并且能够通过导入真人 3D 形象扫描数据来创建数字人形象。虽然 3D 形象扫描需要真人在场或导入 3D 形象数据，但二次创作的数字人形象，在一定程度上避免了对个人肖像的直接公开应用。MetaHuman 通过对真人进行 3D 形象扫描生成的数字人形象见图 26。

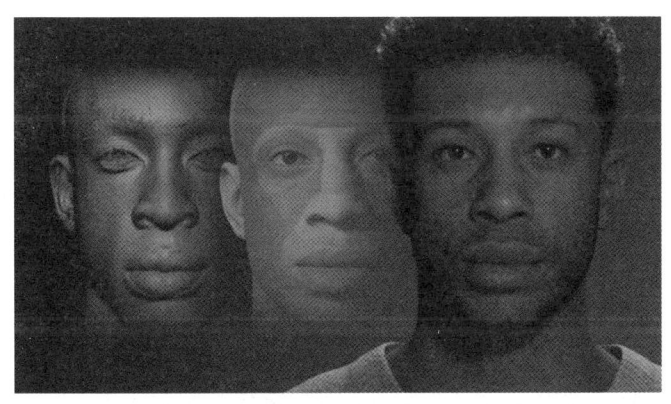

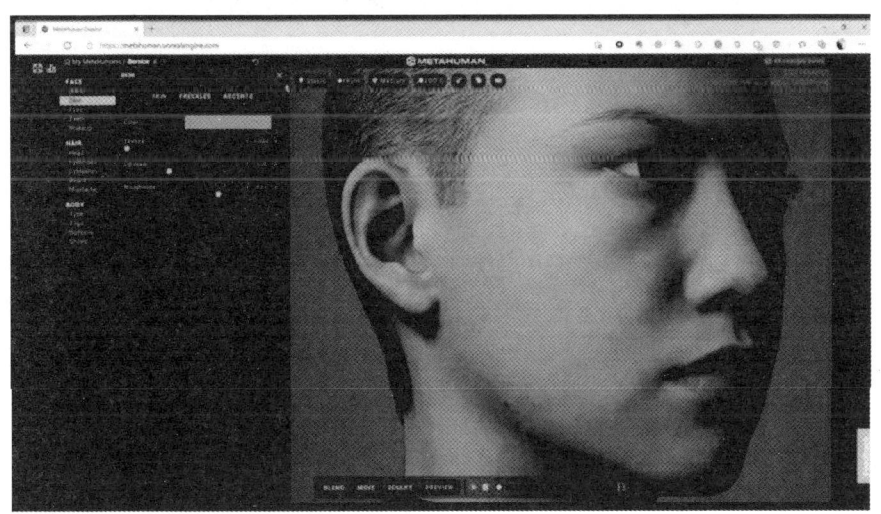

图 26　MetaHuman 通过对真人进行 3D 形象扫描生成的数字人形象

（资料来源：上方图片来源于 Epic Games。）

（七）设计与内容制作

数字人设计与内容制作主要是对数字人外在形象和装扮等进行原画创作，使其符合人物性格和特点；内容制作还包括故事、情感和声音等创作、采集、编辑、合成等，这方面需要大量的文化艺术创作及媒体、技术等人才的参与，力求打造完整、逼真且个性鲜明的数字人。

本环节是数字人与众不同、千姿百态的关键，参与主体庞大而繁杂，除数字人开发企业、运营企业外，还有专业的影视公司、文化创意企业、内容制作工作室的参与，同时根据展现内容的不同，还有广告商、产品商、直播平台、娱乐公司及作家、写手、插画师、美术创作者等庞大的文化创意群体。因此，数字人产业的兴起将带动文化创意行业掀起新的高潮。

数字人已成为我国文化创意领域的香饽饽

数字人赛道的火热，不仅吸引了技术企业入局，而且文创领域也不甘落后，纷纷入局数字人行业。

"中文在线"作为我国数字文化领域的领跑企业，也在积极布局数字人产业。中文在线依托其海量的 IP，一方面从自有流量、协同运营、内容运营、制作迭代、热点布局和泛 C 端布局 6 个维度进行突破，构建中文在线独有特色的数字人 IP，成为数字人 IP 的孵化者；另一方面从内容、技术和标准、产业生态等方面赋能数字人产业发展，成为数字人生态的建设者。

2021 年年底，中文在线举办了首届全球元宇宙征文大赛，历经 7 个月的征文，共收到 11000 份投稿，引爆了整个文学圈、科幻圈创作者的创作激情，投稿中不乏数字人相关优秀作品。例如，"开元奖"获奖作品《最终序列》描绘了一个失忆的少年进入废土游戏，不断修炼，找寻真相，与异族战斗，解救被困在废土虚拟世界中的同胞的励志故事。这其中，数字人是整个故事的主角，在元宇宙中演绎了一个新奇而饱满、励志而有质感的故事。

（八）IP 策划与运营

IP 策划与运营，是指对数字人 IP 的孵化、标识设计、运营维护、价值内涵打造，以及对所形成的数字资产进行规范、统一的管理，使数字人在 IP 竞争中脱颖而出并抢占市场份额。目前，数字人的 IP 运营已经是一项极具市场竞争力的经营活动。在以指数级增长的数字人大军中，让一个数字人 IP 出圈是一件极其困难的事。目前，市场上活跃度高、知名度高、流量大的数字人 IP 多是早年出道的虚拟偶像，而新出道的数字人，既要在技术上取胜，又要在内容上取胜。例如，虚拟偶像柳夜熙在技术上运用了最先进的超写实数字人制作技术，外形上极具写实性和可欣赏性，内容上又紧紧抓住了当代年轻人的好奇心，场景跨度大且奇幻，内容新奇而又有个性，迅速得到了年轻群体的喜爱。

我国数字人 IP 多样化呈爆发式增长之势

数字人在娱乐行业已经活跃了十几年，并加速向四面八方渗透，企业数字员工群体在不断壮大，直播偶像和带货数字人在加速上线。虽然文娱领域的虚拟偶像仍是当前的热点，但在日益扩大的知识类用户需求的推动下，"回归价值"已成为共识。在此背景下，更高端的数字人——知识数字人面世。2022 年 4 月，"量子匠星"瞄准知识赛道，上线知识博士"Dr. Yu 宇博士"，输出元宇宙知识。

量子匠星是无数元宇宙创业企业中的一个，成立于 2021 年，走出了一条数字人 IP 差异化发展之路。Dr. Yu 宇博士以量子匠星的视觉科技与内容积累为成长土壤，突破次元壁，穿梭于虚拟与现实之间，扎根于知识输出，在剖析元宇宙与数字经济的同时，解构商业、科技、文化及社会现象，输出有价值、有深度的内容。Dr. Yu 宇博士满足了人们对高级知识分子的幻想，拥有超写实、逼真的"瑕疵"感，以及帅气的外观，并且可以凭借自己强大的"知识智者 IP"塑造，以及强大的企业高管名人社交圈，贴合不同的商业场景，参加知识名人论坛、企业沙龙，为企业背书，塑造企业正面形象。

三、产业链中游："造人"工厂

数字人产业链的中游是数字人产业的核心力量，即数字人的生产者、提供商，有些也是数字人的发布商和运营商。在数字人产业蓬勃发展的大势下，这些"造人"工厂才是真正的主角，是数字经济的推动者，也是数字财富的创造者和市场的受益者。

（一）数字人制作企业

数字人生产和产品服务主要包括数字人产品制作、数字人服务和行业监管等。其中，数字人产品制作主要有全栈型和单点型垂直厂商、综合类技术厂商、专业应用开发厂商、个人定制厂商等，在自有数字人开发及定制产品、个人数字人打造等领域提供专业化服务。数字人技术服务平台，主要围绕数字人产品和市场等提供专业服务和资源服务，如互联网服务、周边产品开发、市场渠道服务、线上活动服务、广告代理服务，以及"一站式"平台服务等。目前，我国提供服务平台的企业较多，腾讯、百度、搜狗、魔珐科技、相芯科技等均开发了相应的数字人技术服务平台。

> **数字人规模化生产商——数字人平台加速整合行业资源**
>
> 目前，我国的数字人制作平台崛起，代表性平台主要有百度智能云平台、讯飞开放平台、腾讯云小微数智人平台，以及字节跳动旗下火山引擎推出的数字人定制平台等。下面以百度智能云平台和讯飞开放平台为例进行介绍。
>
> **百度智能云平台——百度智能云曦灵**，集数字人生产、内容创作、业务配置服务为一体，为广电、互娱、金融、政务、运营商、零售等提供"一站式"虚拟主持人、虚拟员工、虚拟偶像、品牌代言人的创建与运营服务。百度智能云曦灵以数字人平台为切入口，一方面通过平台化的方式让越来越多的数字人进入平台来分担前期的投入成本，另一方面基于平台打造完整的生态链服务，助力破解行业痛点，将数字人的高门槛、高投入真正降下来，变

成普及化服务。数字人的开发和运营，随之变得简单、快捷、高效。

在数字人生成维度，百度智能云曦灵拥有 3D 写实、2D 写实、3D 卡通 3 条生产线，支持多种风格数字人的打造，并通过全栈的 AI 能力实现了二次元数字人的"一句话生成"，还可大幅压缩高精度 3D 数字人的生产成本。在内容生产维度，百度智能云曦灵通过人像驱动、自然语言理解、语音交互、智能推荐"四大 AI 引擎"，支持真人场景下多样化内容的快速生成、业务配置。基于面部 4D 数据（3D+时序）的高精度数字人"文字到形状的跨模态面部表情生成技术"，使得口型合成准确率达 98.5%。

百度智能云曦灵还基于人设管理平台、业务编排与技能配置平台、内容创作与 IP 孵化平台，打造服务于媒体/广电、互娱/品牌商、MCN/艺人经纪、银行/保险、运营商等领域及通用数字人的解决方案，服务演艺型数字人与服务型数字人两大市场。

讯飞开放平台，在 2021 年"全球 1024 开发者节"上最先发起推出，是数字人技术及相关产品和生态合作的服务平台，可在客户的不同业务场景下进行 AI 数字人赋能，为客户提供一站式的 AI 数字人服务。讯飞开放平台提供的标准化产品包括 API 接口、AI 虚拟主播音视频内容生产系统、AI 虚拟人交互系统、AI 虚拟人智能交互一体机、AI 虚拟人直播等多种软硬件产品，解决方案覆盖了媒体、金融、文旅、政务、电商等多个领域，实现了提高服务效率、降低服务成本、改善服务体验的目标。通过 AI 虚拟人对客户业务实现数字化、智能化，使应用效果得到了提升。另外，讯飞开放平台也将联合产业合作伙伴，共建虚拟人生态服务。讯飞开放平台的数字人制作服务及单项功能服务见图27。

（二）数字人快速制作平台

总部位于新西兰的 Soul Machines 公司是一家专注于数字人研发的人工智能公司，其在零售、医疗、教育、金融等领域推出了相应的数字人解决方案，合作客户包括雀巢、宝洁等知名企业。2019 年该公司帮助 SK-Ⅱ设计、打造了虚拟护肤专家 Yumi。目前，Soul Machines 公司面向企业推出了一项名

数字人：元宇宙的先锋

为 Digital DNA Studio（数字 DNA 工作室）的服务。这项服务包括一套面孔资源库，能够快速创造出一个虚拟数字人形象。这项服务能够大大简化虚拟人物的设计流程，并且推出了一个专为数字人打造的 HumanOS2.0 系统，获得了数字大脑系统的相关专利。通过 HumanOS2.0 系统，数字人能够做出更加自然的表情及手势动作，并且数字人可以通过摄像头捕捉到聊天对象的部分微表情，结合聊天内容做出高兴、激动等表情。

通过 HumanOS2.0 制作的数字人客服见图 28。

图 27　讯飞开放平台的数字人制作服务及单项功能服务

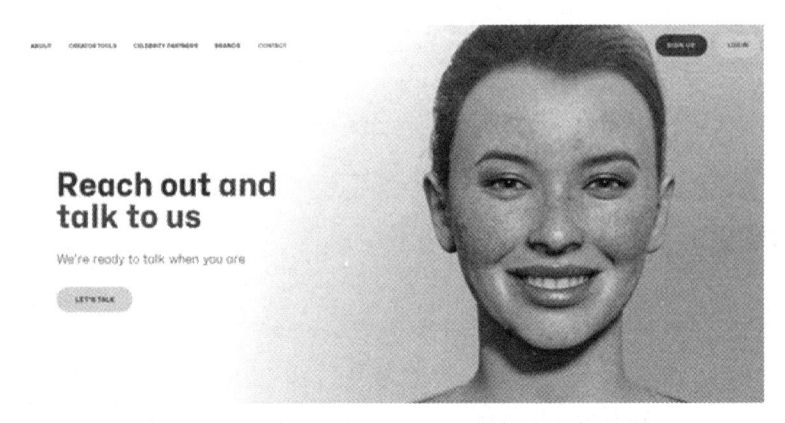

图 28　通过 HumanOS2.0 制作的数字人客服
（资料来源：Soul Machines。）

在了解了数字人产业链的主要环节和代表性企业后，我们对国际龙头公司有了较充分的认识。值得庆幸的是，我国数字人制作企业的发展已具蓬勃之势，并且在某些领域上不输于国外的前沿企业。

四、产业链下游：千姿百态的数字人

产业链下游主要是将数字人植入实际应用场景，以创作内容为依托，形成行业应用解决方案。未来元宇宙时代对数字人的需求是难以估量的，拥有一个数字人将会成为大多数人的选择，数不清的企业 IP 数字人，以及脱离真人身份的虚拟偶像、虚拟员工等将出现在生活中。目前，根据应用场景或行业的不同，已经出现了不同类型的数字人，如文化娱乐型数字人（虚拟主持人、虚拟偶像等）、教育型数字人（虚拟教师等）、助手型数字人（虚拟客服、虚拟导游、智能助手等）、影视数字人（替身演员、虚拟演员等）。不同外形、不同功能的数字人赋能影视、传媒、游戏、金融、文旅、商业零售、政府公共服务等领域，根据需要为用户提供定制化服务。

数字人争奇斗艳竞芳菲

2022 年 7 月 21 日，在由百度与央视新闻联合举办的"2022 百度世界大会"上，数字人希加加"C 位出道"，不仅与央视主持人撒贝宁同台担任主持，还是本场大会的 AI 策划官、开场嘉宾。这场百度 AI 领域最前沿技术成果秀中，数字人作为重要成果出现在大会的多个环节中，足见百度对数字人的重视。

在大会的最后，希加加身着束腰红色汉服，以毛笔为剑，演绎了一段"妙笔生花"的古典舞蹈，舞步起、曲声扬、丝袖飘，画面让人如痴如醉，赢得了满堂彩。希加加身上穿的汉服，是以 AI 生成图像为灵感，由 Style3D 仿真建模软件制作的数字服装。给数字人真实地"穿"上衣服，并且在运动过程中保持合身,并非易事。数字服装的高仿真和高还原需要高精细度的制作模拟,长帛巾的飘动、面料之间的碰撞,需要无限逼近真实效果,这对布料仿真和碰撞模拟技术要求极高。

第二节 数字人企业链

企业链根据产业链绘制而成,也是产业链的重要组成部分。企业在各个环节的供给端和需求端之间对接,按价值的流动接成链。在产业发展的过程中,随着行业集中度的提高,企业链也会不断压缩和"瘦身"。

一、企业链图谱

目前,我国数字人企业链在上、中、下游均已形成一定规模的企业集群。在上游环节,除光学元器件、智能芯片、智能传感器等的研发制造和供应还不能完全自主外,其他国产硬件均已初具规模。在中游环节,数字人制作、生产、服务均能实现自我供给,并已发布诸多数字人商用产品。在下游环节,文化娱乐应用领域比较突出,正处于高速发展期,并逐渐向商业、制造业和现代服务业延伸,已初步具备泛在化推广、商业化应用的前提条件。

数字人企业链图谱见图29。

为了提高数字人的制作效率、压缩数字人的制作周期、降低数字人的制作成本,一家企业通常承担多个环节的制作,一些平台更是打通了各个环节,提供"一站式"制作服务,把制作周期压缩到最短,把制作效率提高到最高。

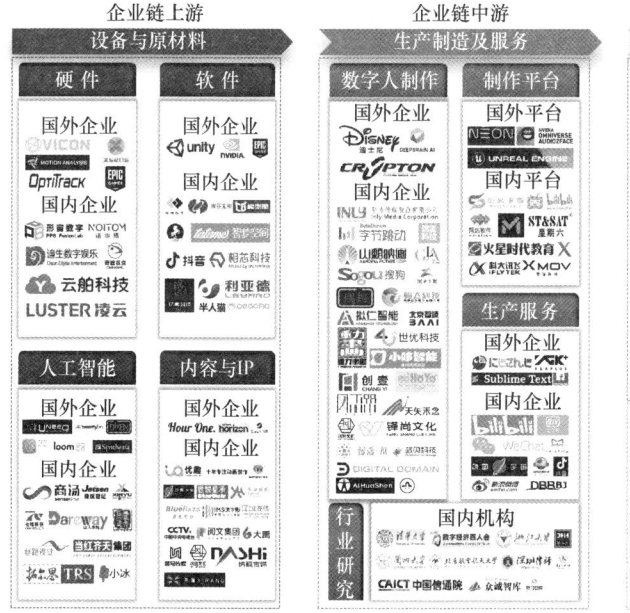

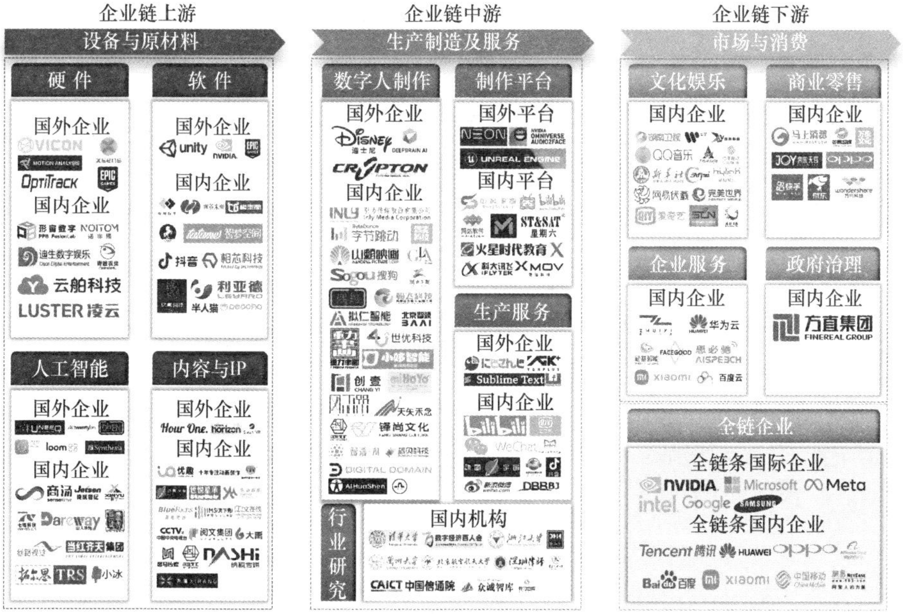

第三章 数字人产业生态图谱

图 29 数字人企业链图谱

二、为数字人修路架桥——底层技术厂商

总体来看，我国耕种于基础层的相关数字人技术企业均已奋斗多年，形成了较为坚实的技术壁垒。它们随着数字经济的发展和新业态的不断涌现而做出业务调整，积极布局数字人制作新业务是发展趋势使然。当然，数字人领域也不乏新进入者，这是市场竞争的必然结果。因此，在数字人产业容量还不饱和的状态下，底层技术企业将在一段时间内面临大批新进入者与之竞争的局面。

在底层技术企业中，成像设备产品已发展成熟，光学元器件、智能芯片和传感器等关键技术已经或正在被攻克，行业正处于集中爆发期，除部分高端智能芯片依赖进口外，华为、小米、OPPO、燧原科技、商汤科技、依图科技等企业均已发布新的高端芯片产品。在动作捕捉方面，除了腾讯、网易、百度、阿里巴巴等头部涉足全链条的企业，云舶科技、青瞳视觉、凌云光、迪生数娱等中小型企业发展也比较快。在软件制作、内容生产、IP 策划领域，我国企业已渐成规模化发展之势，如叠镜数字、虚谷未来科技、环球墨非、亿真科技、相芯科技等公司专注于提供软件服务，中文在线、阅文集团、大禹网络、次世文化等企业专注于内容生产，万象文化、乐华娱乐、上海禾念、动图宇宙、次世文化、创壹科技、虚拟影业等企业专注于IP打造和运营。

上游典型企业相关情况见表13。

表13 上游典型企业相关情况

公司	定位	数字人相关产品	应用
相芯科技	领先的XR技术创新者，专注于图形学技术和人工智能技术的深度融合创新，为客户提供XR内容生产与互动的解决方案	AI虚拟助手、AI虚拟主播	商业零售 企业客服 广告代言
黑镜科技	数字人内容平台厂商，自研真人AI形象引擎、算法、资产工作流等数字人全栈技术，致力于为全球创作者提供基于AI的虚拟内容生成服务与平台	虚拟内容生成平台、真人AI形象引擎或SDK、数字人资产算法、数字人动画算法	互联网内容平台、电商、传媒、广告、专业/半专业创作者，数字人引擎开发者
中科深智	数字人垂直厂商，致力于持续研发数字人驱动引擎和技术美术平台，为客户提供极高性价比的数字人全栈式解决方案	创梦达及创梦加（专业级动画）、创梦易（快速动画生产及虚拟直播）、创梦易自动播及云小七（7天24小时AI虚拟直播）	为一禅小和尚、默默酱、萌芽熊、僵小鱼等头部IP，央视、中兴、中石化、中国银联等龙头企业，以及美的、蒙牛、怡思丁、安莉芳等2000+电商品牌提供数字人解决方案

资料来源：根据网络公开资料整理。

三、数字人制作大师——生产及服务商

面向不同的应用领域和需求诞生了不同的数字人产品，催生了不同的数字人制作路径，因此数字人行业涌现出大量虚拟偶像制作企业、定制化数字人制作企业、数字人制作平台企业，以及超写实数字人制作企业、AI数字人制作企业等。

数字人产品专业化制作企业正如雨后春笋般高速出现，如引力传媒、浙文互联、天矢禾念、创壹科技、次世文化、燃麦科技、山魈映画、米哈游、

风语筑、魔塔时空、一几文化、格兰莫颐、偶邦智能、翰飞科技等均已发布自有数字人产品，并且形成了一定的明星效应。供应链服务企业以头部企业为主，专业化中小型企业也渐成规模，如捷成股份、新宇网、标贝科技、逍一科技、小冰公司、七维科技、山大地纬等，部分发展较快的企业也正在打造数字人相关服务平台，向"一站式"服务提供商转变，如科大讯飞、星期六、哔哩哔哩、网达软件等。

中游典型企业相关情况见表14。

表14 中游典型企业相关情况

公司	定位	数字人相关产品	应用
魔珐科技	数字人垂直厂商，致力于用顶尖的计算机图形学和AI核心技术打造三维虚拟内容制作及数字人基础设施，赋能虚拟+X全新生态	虚拟内容协同制作智能云平台、专业级及消费级虚拟直播技术和产品、服务型数字人能力平台、身份型数字人全栈式技术和产品服务	金融、教育、医疗等
科大讯飞	专长类技术厂商，亚太地区知名的智能语音和人工智能上市企业	AI虚拟主播、AI驱动数字人	虚拟新闻主播（新华社、交汇点新闻、温州都市报、金陵晚报、广西卫视）；服务型数字人（客服、交通、政务咨询、生活服务）
火山引擎	综合类技术厂商，字节跳动旗下，面向企业的智能科技品牌	捏脸及表情驱动虚拟主播、虚拟形象生产平台	互动娱乐、广电传媒播报、金融客服、车载娱乐等行业及场景
百度	综合类技术厂商，全栈的AI能力，提供端到端软硬一体的应用	虚拟主播直播、虚拟形象智能交互解决方案	虚拟主播（央视网、好看视频、中国天气）、虚拟形象智能交互（问需导览、广告营销、迎宾）、虚拟数字人导购员、虚拟培训师等
搜狗	专长类技术厂商，搜狗推出的以语音交互技术为核心的人工智能平台	搜狗分身	传媒、教育、金融、娱乐虚拟主播（搜狗虚拟气象主播、新华社AI合成主播、新华社3D AI合成主播）、金融虚拟客服（平安惠普、平安保险）、车载语音助手（蔚来汽车）、明星二次元形象、声音内容制作

(续表)

公司	定位	数字人相关产品	应用
小冰公司	面向新交互形式的完整人工智能技术框架,其个性化交互框架已对公众开放	小冰	虚拟亲友、AI 托管小编、虚拟歌手、AI 主播、测颜值、虚拟替身 Beta 版(现已开放多种数字人生产线)
标贝科技	专长类 AI 厂商,专注智能语音交互和 AI 数据服务的人工智能公司	智能客服、虚拟员工、虚拟主播、恐龙贝克	智能客服、虚拟主播、虚拟员工
拟仁智能	CG 类厂商,是一家将人工智能(AI)与计算机图形学(CG)技术相结合的创新型高科技公司	定制化数字人	个人助手、智能客服、电商零售、旅游文创、教育医疗、广告营销、直播主持、游戏娱乐
网易伏羲	综合类厂商,国内专业从事游戏与泛娱乐 AI 研究和应用的顶尖机构	网易伏羲 AI 驱动数字人	虚拟主播、虚拟客服、虚拟助手、虚拟直播、游戏动画、空间虚拟智能(虚拟导览、虚拟歌手、虚拟诗人、交互式虚拟数字人)
追一科技	专长类技术厂商,领先的人工智能公司和 AI 数字员工提供商,主攻深度学习和自然语言处理,提供智能语义、语音和视觉 AI 全栈服务	多模态数字人	银行、政务、保险、券商、运营商、教育、零售/电商、公共交通、文旅、媒体/娱乐、居家/健康

资料来源:根据网络公开资料整理。

四、数字人资产的业主——应用运维商/个人

数字人作为一种虚拟资产,其所有者主要负责数字人的运营和日常维护(运维),以保证数字人 IP 的热度和知名度,以及品牌影响力的扩大。同时,很多数字人的运维商也充当数字人的经纪人,负责数字人对外业务的联络与洽谈,为数字人的商业化成功不断努力。

在企业链下游环节,目前我国企业主要推出面向大众的文化娱乐型数字人,如华纳音乐、爱奇艺、川网传媒、华扬联众、完美世界、虚拟影业、天

舟文化、湖南卫视等，并逐渐向商业零售领域拓展，如淘宝、京东、屈臣氏、花西子、OPPO、万科等。在直播带货数字人方面，目前已有不少成功案例，如蓝色光标、联合利华、英特尔、芒果超媒、VIVO、重力聿画等发布的直播带货数字人。围绕下游数字人产品应用的专业服务还没有形成规模，如围绕数字人应用内容创作、代理产品中介、形象再创作等的专业化服务企业还比较少。

下游典型企业相关情况见表15。

表15 下游典型企业相关情况

公司	定位	数字人相关产品	应用
爱奇艺	拥有海量、优质、高清网络视频的大型视频网站，专业的网络视频播放平台	RiCHBOOM	文化娱乐
华纳音乐	21世纪世界三大唱片公司之一，是音乐录音版权业务（包括艺人服务）和词曲版权管理业务的行业领导者	哈酱	文化娱乐
蓝色光标	一家在大数据和社交网络时代为企业智慧经营赋能的数据科技公司，业务涉及营销服务、数字广告及国际业务	数字人"苏小妹"虚拟音乐人K	文化娱乐
屈臣氏	全球知名的国际保健美容零售商，在27个市场经营超过16000家商店	屈晨曦	零售
花西子	以东方彩妆、花养妆为理念的彩妆品牌	花西子	零售

资料来源：根据网络公开资料整理。

第三节　数字人产品图谱

我国比较注重数字人IP运营，不少企业通过偶像打造、电商带货、企业服务等方式已经成功实现流量变现。尤其是在网红经济越发火爆的背景下，以虚拟歌手、美妆博主、客户导购等为代表的数字人已呈"百家争鸣、百花齐放"的态势。

知名IP洛天依、柳夜熙、泠鸢yousa等均已成为粉丝数百万的网红数字人，在流量变现方面已具备资源优势。在专业化企业服务方面，电商平台纷纷推出直播带货数字人，虽然在市场规模上与文化娱乐领域相比还具有一定的差距，但发展潜力巨大。大型企业的专有服务型数字人，如万科的崔筱盼，已充分得到受众的认可与喜爱，在企业端布局数字人也渐呈泛化之势。

知名数字人IP见图30。

目前，数字人已在传媒、娱乐、金融、文旅、教育、零售等领域广泛应用落地，这将给经济发展带来重大机遇，我们期待以技术进步和体验优化为导向的数字人拥有更多样化的解决方案，更加人性化、个性化、智能化，满足各类业务场景的服务需求。

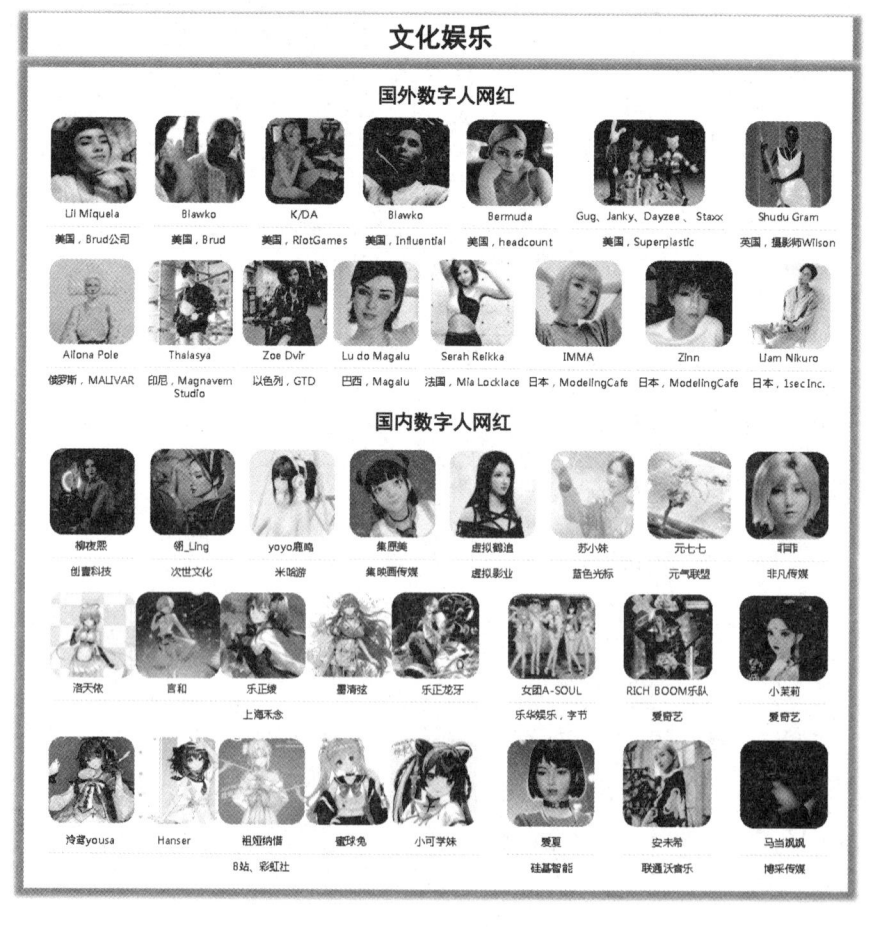

图30 知名数字人IP

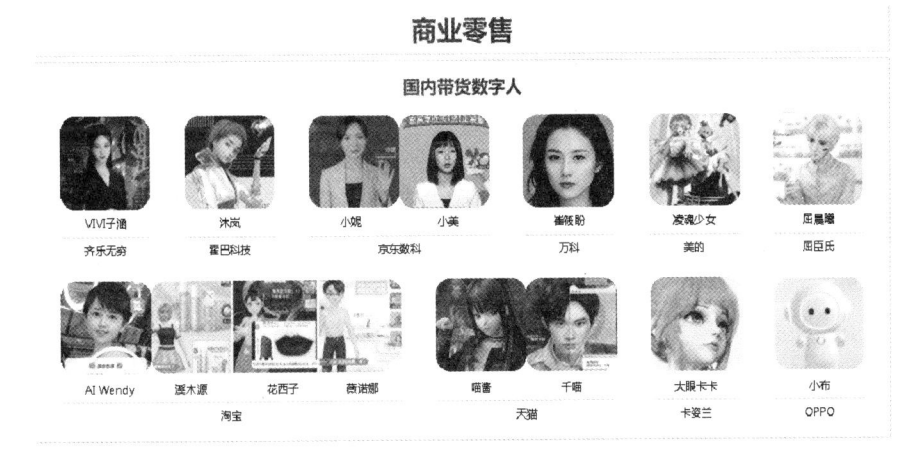

图30 知名数字人 IP（续）

一、传媒：耳目一新的虚拟主播

2022年2月4日，央视新闻 AI 手语主播正式上岗了。据介绍，这位主播所掌握的手语词汇来自《国家通用手语词典》，能够为观众提供专业、准确的手语解说，在新闻播报、赛事直播和现场采访中为听障人士送上实时手语翻译服务。目前，新华社、人民日报、央视网等国家级媒体，以及湖南卫视、北京卫视等地方媒体都推出了具有一定影响力的虚拟主播。那么问题来了，这些主播会代替真人主播吗？AI 主播的优势在哪里呢？

（一）虚拟主播助力融媒体转型升级

最近，虚拟主播迎来了发展热潮，新闻播报、娱乐综艺节目、短视频直播等多个应用场景都能看到虚拟主播的身影。在新闻媒体领域，中央和地方媒体都相继推出了虚拟主播，央视的"小小撒""朱小迅""康晓辉"，以及北京电视台的"时间小妮"，上海电视台的"申雅"，湖南电视台的"小漾"等，虚拟主播在广电领域已遍地开花。人工智能技术的应用让虚拟主播的表现更加生动自然，虚拟主播不仅能手语翻译和语音播报，还能根据播报内容匹配相应的表情和动作。与传统的新闻报道方式相比，虚拟主播不仅摆脱了严肃、正式的风格，给观众带来了更加生动、直观的播报体验，还大幅提升了节目的制作效率，只要输入文字就能生成连贯的播报画面和声音，有效助力传统媒体的数字化转型升级。

所谓"融媒体"，不是特指某一种媒体传播方式，而是指将传统媒体与新媒体相互整合，是多种媒体价值相互融合、取长补短的一种运营模式。融媒体凭借多重优势，成为各个企业或部门机构对外宣传的有力途径。以"三微一端"（微博、微信、微视频与新闻客户端）为代表的融媒体的出现，助推传统媒体搭上了高科技的顺风车，迎来了转型发展的高峰期。

2021年，国家广播电视总局发布《广播电视和网络视听"十四五"科技发展规划》，提出要推动虚拟主播、动画手语广泛应用于新闻播报、天气预报、综艺科教等节目生产，创新节目形态，提高制播效率和智能化水平。在传统媒体需要不断适应新形势的背景下，虚拟主播很好地满足了媒体传播领域对内容生成方面的业务需求，让融媒体的发展又上了一层新台阶，迎来了新闻生产力释放、生产方式变革的智能媒体时代。

（二）虚拟主播能否代替真人主播

传统的新闻制作一般需要前期拍摄、写/录制脚本、录制口播、后期制作等一系列复杂的过程。虚拟主播不需要使用真实演播室，也无须主持人前期准备，节省了整体的制作时间，简化了制作流程，加快了新闻传播速度，为大众及时播报最新资讯。2022年全国两会期间,人民法院新闻传媒总社推出的虚拟主播"夏静"首次正式上岗。"夏静"是通过采集人民法院新闻传媒总社主持人裘夏静的形象和声音,使用人工智能技术合成制作的,在两会期间进行了多个节目报道,协助主持人克服了因疫情防控需要无法进行现场录制的困难。

目前,由于技术还不够成熟,虚拟主播也存在一些不足之处。根据观众的反馈来看,虚拟主播主要存在互动效果不灵活、工作内容单一、智能化程度不足等问题,在播报时动作不够自然,说话方式有些生硬,不太会念多音字和数字,需要人工将数字转换成汉字,或者人工进行校对。

不过,整体来看,数字人技术不断进步,有望克服动作不自然、播报不智能等不足之处,加载更为多样的数字化功能。同时,虚拟主播的兴起吸引了大量从小受到互联网文化影响的青少年群体,具备一定的群众基础,因此虚拟主播的观众缘也使其具备一定的发展潜力和空间。对于媒体运营方而言,如何不断升级内容和服务,创新运营模式,释放公众影响力,寻找更多元的发展空间,是需要重点关注和思考的关键问题。

虚拟主播典型案例

人气主播"虚拟冰冰"采用科大讯飞最新语音合成、AI口唇表情驱动、定制3D虚拟形象等多项人工智能技术,不仅拥有媲美真人的立体化身形、声音、语气、肢体动作,还有着外表、行为、交互等多重人类特征,同时支持东北话、英语等31种语言或方言。为庆祝中国共青团成立100周年,共青团中央宣传部、中央广播电视总台团委携手科大讯飞联合开展了共青团百年历史知识问答活动,由"虚拟冰冰"带领大家一起了解百年团史、分享青春故事。从北京冬奥会知识科普到团史答题互动,凭借人美声甜和高度拟人,3D"虚拟冰冰"圈粉无数。

2021年,湖南卫视推出了数字主持人"小漾","小漾"的名字源自英文单词"Young"。"小漾"不仅表情生动、形态逼真,还运用了人工智能技术、动作捕捉技术等来模拟完成主持人的工作,贴合了年轻观众对数字化技术的青睐。随后,"小漾"作为主持人多次出现在湖南卫视的各种节目中。

二、娱乐：可塑性强的虚拟偶像

2021年被称为虚拟偶像元年，虚拟偶像不仅扎堆出现，甚至还登上了"真人秀"，如江苏卫视推出的虚拟偶像选秀节目《2060》、爱奇艺推出的虚拟人物才艺竞演节目《跨次元新星》、B站独播的综艺节目《虚拟人成材计划》。在各类对标真人综艺制作水准的虚拟偶像综艺节目中，众多虚拟偶像在节目中展示各类才艺，与真人互动，带给观众独特的视听体验。

（一）娱乐圈为什么需要虚拟偶像

近年来，越来越多的虚拟偶像走进人们的视野。除了前文提到的初音未来、洛天依等二次元虚拟偶像，还有Ayayi等超写实虚拟偶像，以及A-SOUL等虚拟偶像团体组合。他们有的登上了舞台，大展唱跳才艺，与现实艺人合作表演；有的在直播间与粉丝交流互动，接到了广告邀约，为品牌代言或直播带货推广。

从发展趋势来看，虚拟偶像是我国娱乐产业未来发展的重要方向，在技术的加持下，虚拟偶像的外形和性格等特点可以根据粉丝的喜好进行调整。对于粉丝来讲，虚拟偶像的外形和人设经过运营公司的精心包装，通过高频率的线上直播互动给粉丝提供陪伴感和情绪价值，更容易打动粉丝内心，产生情感连接。对于内容设计公司和经纪公司，虚拟偶像在品牌资产和失德风险防范上具有优势，商业孵化能力不弱于真人偶像。如A-SOUL是乐华娱乐与字节跳动联合推出的虚拟偶像女团，2020年12月出道，年收入已经达到千万元级别，代言身价和带货能力不输真实偶像。

可以看到，虚拟偶像已经逐渐受到业内各方的认可，对于技术、内容、运营模式的更多探索和尝试将为虚拟偶像破圈奠定基础，虚拟偶像的强可塑性使其在未来一段时间内都将保持稳定的增长态势。

Lil Miquela是Instagram上最知名的数字人偶像之一，她既是网红、模特，也是音乐人，其发布的单曲《NotMine》《Money》《SleepingIn》等都在

Spotify 上名列前茅，目前还开展广告植入、品牌代言、视频口播、参加时尚发布会等业务，与 Chanel、Supreme、Fendi、Prada、Givenchy、Calvin Klein、三星等品牌均有合作（见图 31）。Lil Miquela 的商业发展如此成功离不开其背后的运营公司 Brud，Lil Miquela 的人设，尤其是该用什么样的话术、对公众展现怎样的性格，都是 Brud 与合作方共同包装的结果。国内的企业在数字人的内容创作方面亦是精益求精，从人物小传开始，到原生家庭、求学、就业、生活经历等，都经过运营公司的深思熟虑和精心创作，只为让数字人更有"人味"。

图 31　Lil Miquela 为 Chanel 代言

（二）虚拟偶像能出圈吗

在洛天依等"全民偶像"展现出较强的市场影响力和吸金力的背景下，虚拟偶像看似撑起了庞大的娱乐市场，但是也有很多被打造出来却没有激起市场反响的失败案例，出圈难、变现难也是虚拟偶像的主要发展瓶颈。

在运营方面，成本也是重要的制约因素。目前，虚拟偶像的制作成本居高不下，据媒体披露，一个虚拟偶像的形象设计、制作和宣发推广费用加总约 200 万元，甚至超过培养一个真人偶像的成本。能够实现盈利的虚拟偶像制作公司屈指可数。虚拟偶像早期的流量越大，越容易获得市场认可和回报。如果虚拟偶像在前期没有得到较好的经济回报，那么经纪公司在后期往往会因为成本的限制而减少内容输出或降低内容质量，加剧了粉丝的流失。研究报告显示，2021年中国已有数万个虚拟偶像，但能实现盈利的却不足30%。

除了成本因素，技术也是虚拟偶像的关键支撑因素，粉丝有时会发现虚拟偶像表情动作不自然，声音卡顿，与真人互动不够灵活，因此对虚拟偶像的印象分大打折扣。

在输出内容上，虚拟偶像的运营方式也需要反思，与现实娱乐圈类似，同样会受到不良饭圈文化、商业炒作等的影响。曾经有虚拟偶像在社交平台上称某品牌口红"滋润不干"，引起网民的质疑，出现了"数字人带货还是免了吧""数字人怎么能知道口红干不干"等这样的负面评论。

此外，虚拟偶像也无法避免"塌房"。2020年9月，日本hololive成员赤井心、桐生可可的"中之人"在直播中连续两次出现辱华言论，造成严重的直播事故。这一事件导致hololive基本失去中国市场。虚拟偶像的运营风险也是长期存在的重点问题。

我国拥有庞大的视频内容消费市场和网络平台用户群体，数字营销潜力巨大。对于品牌方和运营公司而言，虚拟偶像的出现或许能填补一定的空白，降低真人偶像带来的不可控风险，但虚拟偶像要想实现破圈，就得要求运营方对人设塑造、表现形式等方面加强布局，根据市场定位和商业模式，构思更好的"营业"方案。对于粉丝而言，为自己喜爱的偶像应援无可厚非，但无论是真人偶像还是虚拟偶像，都应该理性对待，都要受到现实规则的约束。

三、金融：不断自我提升的数字员工

随着数字化浪潮的来临，金融业的商业模式与服务路径也随之转换，数字人已经逐渐应用于商业化金融服务。据了解，目前红杉资本、工商银行、平安银行、光大银行、百信银行等都引进了"数字员工"，为何这些银行热衷于"招聘"数字员工呢？数字员工真的能够取代真人服务吗？

金融领域的数字化转型是行业数字化转型的重点，在银行、证券、保险等领域运用大数据、人工智能、区块链等技术能够优化管理体系和服务模式，提高金融服务业的品质与效益，以数字技术促进产业融合创新。

2022 年 1 月，中国人民银行印发《金融科技发展规划（2022—2025年)》，明确指出将数字元素注入金融服务全流程，将数字思维贯穿业务运营全链条，注重金融创新的科技驱动和数据赋能。多家金融机构正在利用数字人技术打造数字员工，成为科技创新、降本增效的重要方向。多家银行陆续推出数字员工，用于客户服务、形象代言等场景。

数字人不仅有好看的皮囊，还可以有有趣的灵魂，以及聪明的大脑。如今，数字员工结合自然语言处理、深度学习等技术，被赋予了一定的"智慧"，可进行智能对话，与服务类场景较多的金融业务场景需求非常契合。在用户终端服务中，利用数字人可将业务场景转移到虚拟空间，减少企业客户服务工作人员数量，降低企业用人成本。数字人也可以为企业品牌代言，为品牌宣传推广奠定基础。数字人可以在对话过程中描绘用户画像，细化用户群体的特征偏好，挖掘用户需求，提供个性化对话服务，并基于情绪分析察觉用户情绪，及时调整服务策略及营销策略，打造成最懂客户的金融行业专家。

现在，用户对数字化工具的应用需求也越来越强烈。数字人可以帮助金融机构处理大量简单、重复的规则性业务，可以 24 小时不休息地工作，甚至还能胜任不同岗位，最大限度地提升业务效率，降低服务成本，拓展更多的应用场景边界。

万科虚拟员工"崔筱盼"、华为虚拟员工"云笙"等，也会处理财务、管理、市场分析等更复杂的工作。崔筱盼作为万科首位数字员工，在系统算法的加持下，很快学会了在流程和数据中发现问题的方法，以远高于人类千百倍的效率在各种应收/逾期提醒及工作异常侦测中大显身手，崔筱盼催办的预付/应收/逾期单据核销率达 91.44%。在风险管控方面，数字人的工作流程可以被记录和监控，保障了业务实施的准确性和安全性。

数字员工典型案例

AIYA：2021 年入职百信银行，不同于虚拟客服的定位，AIYA 担负着未来银行探索者和品牌理念传播者的角色，活跃在短视频、虚拟直播、App、新闻播报等场景中，未来将不断学习进化，提升 AI 算力和财商智慧，通过更有温度、更沉浸式的交流互动，向用户传递百信银行"只为你，AI 无限"的品牌价值理念，为用户提供更友好、更普惠的数字金融服务。

小宁：2022 年入职宁波银行上海分行，以真实生动的客服形象为银行客户提供各类业务咨询和办理服务。在银行网点，数字人小宁是一位形象清新、具有亲和力的大堂客服经理，可以对前来办理业务的顾客给予主动问候和自动接待，并通过专业、自然的交流互动，提供各类业务咨询和问题回复，同时针对客户需求进行自动化引导和智能分流。在后端，数字人连接的是银行运营管理平台，可以实现知识库的持续更新和业务数据分析，促进银行体系的智能化管理和运营。

言犀 VTM 数字员工：2021 年 12 月由江南农商银行与京东云合作推出，构建了创新性的非接触式服务场景，进一步扩大了远程银行的能力边界。区别于过往咨询问答式机器人，言犀 VTM 数字员工不仅可独立、准确完成银行交易场景的自助应答、业务办理、主动服务、风控合规等全流程服务，还实现与 VTM 机、App、电子大屏、助农设备等终端的连接，在智能技术加持下，从根本上释放了银行客服中心的人力资源压力，实现了 7 天 24 小时全天候服务，降本增效，进一步延展出远程银行更多的发展可能性。其逼真的形象、亲切周到的服务也为用户提供了良好的体验。

红杉中国虚拟员工 Hóng：2022 年年初，红杉中国首位数字虚拟员工 Hóng 上岗，她能够在 1 秒之内阅读上百份商业计划书，也能将行业研报数据结构化、可视化并翻译成 100 多种语言版本，还可以在任意时间和地点工作。与前面介绍的虚拟主播、虚拟偶像等数字人不同，Hóng 是入职于金融业的数字员工，凭借深度学习能力帮助企业降低用人成本，大幅提升工作效率。

四、文旅：深受喜爱的文旅数字人

随着消费升级和新一代消费主力的崛起，人们对文旅行业开始追求多样性、寻求新鲜感和科技感。文旅行业与数字人的结合正在成为新的"流量密码"，数字人化身为旅游引导者、民宿管家、文化宣传员，与游客的互动开辟了新的场景空间，获得了游客的喜爱和信任。

近年来，随着数字技术的成熟应用，数字文旅产业已经成为推动文化和旅游融合、文旅产业转型升级的重要引擎。《"十四五"文化和旅游发展规划》和《"十四五"文化产业发展规划》等政策文件都提出了推动文旅产业数字化转型的措施，我国"数字人+文旅"迎来新的发展机遇。

为了推动城市和地区的文化旅游发展，一些城市的文化旅游部门推出了代表城市发展的数字人形象。数字人设计制作以城市文化和特色为主题，以鲜明的形象特征展示出城市的精神风貌，提升城市的影响力和知名度，提升旅游市场的热度。数字人更符合年轻消费者的观演需求和偏好，在体验场景设计、主题内容选择上有更多的发挥空间，通过对当地特色历史文化的深入挖掘，依托具有鲜明特色的角色形象塑造，打造全景区、全场景、全过程的多元互动沉浸式项目。此外，这些数字人通过沉浸式互动体验、智慧导览等新型服务，可以为公众提供展示地方特色产品、文化传承等的窗口。

我国有庞大的数字化用户市场和海量的文化资源，当数字人与文化旅游发生碰撞，将创造出新文旅场景和新业态，成为旅游景点的"流量新密码"。这正成为一种新的潮流，引领文旅行业的创新变革。

虚拟导游典型案例

青岛小嫚：2022年7月正式上线，是青岛首个城市虚拟智能数字人IP。7月21日晚，她以市南区文旅宣传大使身份，首次出现在中山路百盛户外裸眼3D大屏中，与青岛市民线下见面。青岛小嫚可以承担多种社会身份，可以是新闻主播、节庆活动嘉宾、主持等，也可以是文化推广大使、博物馆讲解员、社会安全教育员、城市公益志愿者等。她将帮助城市更好地展现和传播本土文化。

小鱼：由墨鱼旅行平台发布。形象定位是一个充满自信的阳光"00后"旅行达人，热爱摄影、冲浪、滑雪、自驾等，总是带着无限好奇心去探索世界，热衷用镜头记录在路上的精彩瞬间。功能定位是可以帮助驴友们足不出户体验世界各地美景，并且以人的视角呈现出来，更加贴近用户的需求。未来小鱼还将开放更多的互动功能，用户可以更好地与小鱼互动，小鱼不仅是用户查询旅游信息的媒介，还可以成为每一位驴友旅途的伙伴。

文天天：国内首个文博虚拟宣推官，名字来源于《诗经》中的"桃之夭夭，灼灼其华"，双髻丸子头，着一袭淡雅长裙，腰系仿葡萄花鸟纹银香囊，具有浓厚的古代气息，展现了中华优秀传统文化的博大精深和源远流长。文天天存储了各博物馆的发展历史、文物珍藏和文化内涵，因此入职于中国文物交流中心，并与江西省博、甘肃省博、河北博物院等十余家省市级博物馆馆长展开对话，解说展馆之宝背后的文化故事。在未来其也将作为文博界的宣传大使，走向国际，进行海外出访交流，传播中国优秀传统文化。

杭小忆：2022 年 5 月，杭州市文广旅游局和杭州移动共同打造的文旅数字人"杭小忆"形象正式发布。杭小忆是一位芳龄 18 岁的"小姑娘"，身着湖绿色旗袍却掩盖不住她的热情活泼、亲切好客。杭小忆能够依托语音识别、基于自然语言的意图识别等技术，通过 AI 分析匹配相关业务系统并对服务场景、知识库模型等进行分析和决策，再将结果以动作和声音等方式反馈给客户，从而实现服务交互。今后，杭小忆将通过手机 App、微信小程序等多种入口为游客提供"伴你同行"式的旅行服务。

五、教育：生动有趣的虚拟教师

教育是重人力型行业，教师在教育教学中发挥着极其重要的作用，不仅要会教书，还要育人，孩子们在学习中离不开教师的指导和鼓励。数字技术与教育教学的创新融合已经成为教育发展的大趋势。数字人协同参与的教育教学模式提升了线上学习的趣味性，为学生提供学习服务和咨询，引导学生完成学习目标。

过去几年，新冠疫情让学生们的学习由线下转移到线上，数字人与教育教学的结合将为学生提供定制化的个性教育服务，甚至能帮助解决贫困偏远地区师生比例失衡的问题。虚拟教师的出现能很好地弥补传统单一教师的授课模式，实现从单一教师向双师制、多师制转型。学生的学习模式将发生根本性改变，可以与虚拟教师随时随地交流互动。虚拟教师可以帮助真正的教师完成一些标准化的工作，如纠正学生错误，布置家庭作业，协助制订教学计划和策划教学内容，为学生提供沉浸式教学。

虚拟教师可以关注到每一个孩子，可以成为每个孩子的学习伙伴，针对不同学生的特点制定不同的具有针对性的教学方法，针对学生的兴趣爱好制定个性化的教学题材和题目，增添课程的趣味性，而且24小时待命，随时满足学生的需求，这些都是真人教师做不到的。但是真人教师可以充分利用自身的教学经验和知识积累，对虚拟教师的工作进行前瞻性的规划和指导，弥补虚拟教师的不足。

虚拟教师的应用将进一步降低基础教育成本，使更多的孩子拥有公平的教育机会和资源，助力实现教育资源均等化，这种搭载高科技的教学方式将大幅拓展教育的深度和广度。

目前，虚拟教师已经现身于国内学校的课堂，开始为学生授课了。一般来讲，虚拟教师的形象在生活中没有原型，可以先采集学校多位教师的形象，再进行人脸识别、数据建模、语音合成等程序调试。此外，虚拟教师还可以更换服装、发型，甚至可以是二次元动漫形象，展示出多元、生动的面貌。

虚拟教师经典案例

云笙：华为云数字人员工，化身教师，为深圳宝安区的中小学生上了一堂别开生面的开学第一课——"2022新春开学第一课——扣好人生第一粒纽扣",围绕"求索·真谛""荣耀·骄傲""感知·启发""探索·发现""陪伴·成长"五大篇章展开课堂教学,极具创新性和仪式感。云笙以宏大的视角和蒙太奇的手法,带领同学们走进中国大地,"讲述"五千年历史文化,从孔子、沈括,讲到李白、杜甫,云笙还带同学们走进科技世界,从古老星座图到中国空间站、载人航天,带领同学们探索浩瀚的太空和未知的宇宙……

河开开:2022年2月,河南开放大学人工智能工程研究中心推出教学支持服务虚拟教师,其主要承担教育教学支持服务等工作。未来,将帮助学生远程答疑,担任教师的教学助教,进行双师协同教学。

六、零售:24小时无休的虚拟导购

数字人能做销售已经不是新鲜事了,在2022年天猫"6·18"活动中,有超过30家品牌选择和使用了数字人进行活动营销,包括小鹏汽车、百威、云南白药、欧莱雅、自然堂等品牌。数字人营销也成为零售业发展的新趋势。据淘宝召开的直播MCN机构季度会上公布的数据,2022年4月累计有1000多个商家加入直播3D绿幕时代。可见,直播带货数字人已成为一股不可忽视的力量。未来,越来越多的虚拟主播将活跃在各大品牌直播间,特别是在美妆领域,如完美日记的虚拟主播"Stella",自然堂、欧莱雅、花西子的虚拟带货主播"堂小美""欧小蜜""花小西",溪木源、薇诺娜等品牌也开始使用虚拟主播。

(一)直播带货业更加"卷"

目前,零售业越来越"卷",传统的线下销售方式存在人工成本高,传统营销缺乏创意、效率低等问题,很难满足当下零售业数字化快速发展的需求。

利用数字人进行营销推广是一个较好的盈利模式。目前,众多商业品牌积极拥抱数字人,利用虚实结合的营销方式,获取更多流量红利,试图率先赢得发展先机。如今,数字人在零售业充当客服、解说员、带货主播等各种角色,已经开始跟传统零售导购"抢饭碗"了。其中,最具热度的营销方式当属虚拟主播带货。

近几年,电商直播掀起了一次又一次热潮,已经成为企业进行产品推广的重要手段。中国直播电商市场至今已形成了超过 1.2 万亿元的规模。在快手平台,罗永浩在首秀中用 3 小时带货 1.1 亿元,格力电器董事长董明珠也亲自加入了线上直播带货的队伍,新东方也转型做起了直播带货,截至 2022 年 11 月,其抖音账号"东方甄选"粉丝数已经超过了 2800 万。

数字人变身直播间的带货主播,给品牌带来了不错的销售业绩。数字人一方面可以拓展新的消费人群,吸引更多的年轻一代观看直播,同时数字人直播时可以根据产品需要不断变换新场景,使用符合商品用途和功能的背景,根据观众特点和特征有针对性地介绍产品,不断挖掘新的消费需求。此外,数字人带货也可以扩展新的品类,如推广"数字藏品""元宇宙地产"等虚拟商品,不断刺激消费者的购买欲望。24 小时全年无休,无人值守也是数字人带货的优势所在,能够大大减少人工成本,延长直播时间,根据某直播平台的测算,开播的商家比不开播的商家收益高出 10%~30%。

除了带货主播,能够提供"一对一"服务的虚拟导购可以在线为用户介绍产品,并且根据用户特点有针对性地进行推荐,大幅提升销售效率。

商业零售数字人经典案例

京东上线美妆虚拟带货导购"小美",目前在 YSL、欧莱雅、OLAY、科颜氏等超 20 个美妆品牌直播间开启直播。小美为第三代"智慧型"仿真数字人,可实现 24 小时不断线直播,同时可凭借相对专业的美妆知识和讲解技能在直播间为消费者答疑解惑,打造高效、精准的选购体验。相较于声音死板、肢体动作僵硬的卡通或 3D 模型虚拟主播,小美为消费者带来如同真人主播般的真实、流畅的直播体验。小美的五官形象由具有上亿参数的神经网络合成,嘴型也可以通过声音精确驱动,动作灵活流畅。在直播过程中,小美的每帧画面均由 AI 生成,以手持商品的展现形式,配以真人语调的产品讲解、模拟试用，真实感更强，可给消费者带来更好的体验。

SK-Ⅱ与Soul Machine合作创造了一个虚拟导购Yumi，主要负责为SK-Ⅱ粉丝们提供更有效的皮肤管理建议。借助Google的语言处理系统，她可以与SK-Ⅱ的客户进行自主交互、提供美容建议，以及提供多语种服务。

淘宝和天猫开放数字人导购功能，3D数字人AI Wendy率先在美妆行业通过小程序嵌入美妆店铺。数字人导购弥补了线上普通客服不足和直播中间的服务空缺，可以同时服务每一个用户，一对一观察用户的特点，从而进行选品、推荐、产品试用等工作，有效提升成交率和销售转化率。在线下场景中，AI Wendy是销售人员的得力分身，可以在人效不足时随时补位，有效解决用户进店后的"社恐"问题。

（二）数字人的生意经也不简单

尽管数字人"代班"真人销售商品并不罕见，但是由于技术水平限制，目前的带货数字人还只是较为简单的人物形象，互动水平也非常有限，数字人直播带货并未形成规模。例如，当面对用户提出的一个个针对产品细节的问题时，数字人可能无法给出一个满意的答复，只能靠工作人员解答或在屏幕上进行文字回复。用户也普遍反映，有的数字人直播只会重复简单的营销话术，而且经常答非所问，感觉像失去了灵魂。

此外，数字人在美食、美妆、服饰等领域的直播讲解似乎没有什么说服力，真人主播讲解示范时能够让观众直观地感受到服装的上身效果，或者使用化妆品产品时的皮肤状态。相比之下，数字人告诉大家保湿霜的滋润程度难以让观众信服。

拥有一个稳定、高效、可控的数字人主播，和不受时间、空间限制的直播间，确实是企业进行营销的性价比之选。但是品牌方也应该思考，自身产品特点与数字人带货是否契合，如何用恰到好处的营销方式给品牌带来正向收益，让数字人更好地服务于企业，更好地服务于零售业数字化转型。

第四章

数字人发展展望

未来已来，将至已至。数字人不断扩展的应用边界，正在改变所有的行业，不久的将来，数字人必将成为这个世界的主角之一。

虚实融合的时代帷幕已经拉开，数字人可以发挥的效用远非娱乐、办公这么简单，我们期待数字人发挥更多的社会价值，更好地造福人类生活。目前数字人还处于商业应用的初级阶段，其未来的演进方向、无限的发展机遇令人充满期待。与此同时，数字人带来的社会治理风险问题也值得大家共同关注。

第四章　数字人发展展望

第一节　数字人的发展趋势

未来，人们与数字人的连接与交互将会改变我们的生活方式、工作方式、商业模式……当你在网络上选购一件裙子时，你的数字人朋友将会给你详细介绍裙子的款式和设计特点，甚至帮你试穿展示上身效果；如果你对裙子的颜色或其他设计不满意，数字人甚至可以对款式进行微调，直到让你满意为止；然后你告诉数字人"可以下单了，帮我送到家里"，厂家马上就能收到指令，按要求制作裙子并发货。我们有理由相信，数字人将会给人类社会带来无限可能。

一、数字人或将成为 5G 大规模商用的重要场景

如果想让数字人实现逼真、自然的交互功能，则要满足较高的网络传输需求。而 5G 技术让数字人的普及应用成为可能。虚实共生时代即将到来，数字人或将成为 5G 大规模商用的重要场景，为各领域优化升级发挥赋能作用。

（一）数字人为什么需要 5G

5G，对于普通消费者来说，是 2G、3G、4G 之后的最新通信技术，最直观的特点在于"快"。理论上，5G 的传输速率是 4G 的数十倍，可以达到每秒数十 GB 的传输速率，传输的视频更清晰、流畅，而且没有延迟，结合 VR 终端设备能给用户带来身临其境的体验。

在 2022 年北京冬奥会上，无处不在的 5G 网络是最引人注目的科技成果之一。5G 应用到北京冬奥会的各个比赛场馆中，观赛人员可以通过 App 以 180 度自由视角观看比赛。在冬奥会的场馆外，送货机器人、智能配送柜、咖啡机器人等为运动员和工作人员提供便利的服务，使服务人员数量减少 30%、场馆节能 20%、运维效率提升 40%，这背后也是 5G 技术在发挥支撑保

障作用。

在数字人领域，5G 网络的高速率、低时延、大带宽、广连接的能力，不仅使数字人的实时交互更加自然、流畅，还让用户摆脱了对 VR/AR 设备的依赖，通过独特的沉浸感和交互性，使数字人在医疗、建筑、制造和教育等更多领域创新应用。

（二）"5G+数字人"场景

在医疗领域，"5G+数字人"可以为科研人员还原完整的人体信息，协助开展医疗实验。数字人还能针对患有心血管疾病的高风险人群收集必要的数据，包括心电、血压、血氧等数据，参与远程智能问诊，协助医生确定最佳治疗方案，有效缓解优质医疗资源不足、分配不均衡、跨区域就诊难的问题。

在建筑和制造等领域，"5G+数字人"可以帮助工作人员模拟体验大规模工作环境（工厂、城市、建筑物等），评估工作风险和预测环境变化，以此优化工作体验和提升工作效率。例如，数字人可以帮助塔吊司机实时监控吊钩状况，避免视线盲区，帮助安全员检查违规作业情况，随时准确掌握工人情况，极大地提升现场效率，保障工作环境安全。

在教育领域，"5G+数字人"将与数字教学场景和内容深度融合，使学生摆脱教室的空间束缚，通过生动、灵活的方式引领学生主动学习。此外，数字人还能在虚拟实验室中进行 3D 实验演示，让课堂教学更加生动，以及组织学生进行智能在线考试，帮助老师巡考监考、批改试卷等。

未来，数字人将搭乘 5G 快车，激发出更多、更具创新性的应用场景。当然，除了需要网络传输能力保障，数字人规模化应用还需要应对算法、算力、成本等多方面的挑战。因此，实现数字人的大规模应用不是一蹴而就的，需要我们不断的积累和突破。

二、开源平台将成为打造行业生态的关键

开源就是开放一种技术或产品的源代码、源数据，是一种公开透明的开

放方式，开发人员能够在开源平台协助开发，共同推动技术和产品创新。数字人的快速发展离不开所有开发人员的共同努力，所以打造数字人的开源平台具有非常重要的意义。

（一）开源能够激发创新活力

开源是技术研发和应用的基础，是实现技术创新和突破的有效途径。我国的《"十四五"数字经济发展规划》提出，支持具有自主核心技术的开源社区、开源平台、开源项目发展，推动创新资源共建共享，促进创新模式开放化演进。

目前，我国的开源社区平台还处于发展期，只有少数开启了商业化的良性发展之路。对于企业，开源是企业进行市场布局的有力手段，能够帮助企业建立上下游合作机制，扩大自己的产业生态。我国的互联网科技巨头也贡献了大量的开源项目，百度、阿里巴巴、腾讯、华为等企业的开源项目数量逐年增加。

开源生态以开源项目为中心，开源项目的贡献者们共同组建了一个社区群体，推动社区的项目建设。目前，我国和其他国家的开源项目数量都增长迅速。全球最大开源社区 GitHub 2021 年的年度报告显示，世界财富 100 强企业中的 84% 都在使用 GitHub。开发者是开源社区创新的源泉，2021 年，GitHub 在全球已有超过 7300 万的开发者，其中我国就有 755 万 GitHub 开发者，国内开发人员的数量和活跃程度在国际上处于领先地位。

（二）开源生态将助力数字人发展

在数字人领域建立开源、开放的生态也将成为必然趋势。数字人的制作依靠众多基础技术和大量的数据，需要长期的积累和技术创新。

无论是个人参与还是企业布局，开源平台的建设将打造一个人人都可以参与合作的开放模式。麻省理工学院媒体实验室（MIT Media Lab）的研究人员已经开源了一个虚拟角色生成工具。这个工具包含数字人面部、手势、语音和动作模型，可以用来输出数字人的各种音频和视频，并且用水印做了记号,这样一来,人们就可以把数字人与真人视频区分开,防止误导或欺骗事件的出现。

随着数字人商业化进程的加快,行业内对数字人的开源需求也会增长,开源将成为数字人创新发展的关键模式。预计大量不同类型的数字人开源项目将会出现,涵盖技术、数据集、制作工具、内容服务等方面。对于企业而言,数字人开源在技术创新、制作效率提升及成本降低等方面将发挥巨大的作用。对于行业整体而言,数字人开源对推动技术创新、产业发展和人才培养具有重要价值。

三、数字人将实现千人千面的多样化互动

真正的朋友是了解和理解你的,数字人也可以像朋友一样了解和理解你。数字人不应该是冷冰冰的虚拟机器,而应该是有温度的、体恤人心的。基于人工智能技术的数字人具有自主学习能力,能够根据每个用户的喜好和特点进行交流,量身打造适合每个人的虚拟体验场景,这就是所谓的千人千面。

(一)数字人的千人千面

千人千面,从字面上理解就是对不同的人展示不同的面貌,主要有两个目标:一是精准分析用户,准确理解用户;二是投其所好,根据用户的兴趣和需求,提供令人满意的体验场景。个性化已经成为用户需求当下最显著的特点,但需要注意的是,用户被不断地推送满足需求的产品和服务,自己的偏好很容易被强化,了解其他事物的机会被剥夺,就容易变得与世隔绝。这就要求数字人能够对用户的各类意图进行准确的分析,不仅了解用户想要的,还为用户提供其不了解、有深度、可能有帮助的信息,为用户打开新世界的大门,避免出现上述"信息茧房"现象。

随着人工智能、虚拟现实等核心技术的不断突破,数字人的交互能力将显著提升,将在语音、语义、语态上更加生动、自然地表达和反馈信息。海

量用户数据训练使数字人更"了解"人心,能够在情感交互和思想交流上与人达成共鸣,成为人类不可或缺的朋友和助手。

(二)元宇宙中的"多样化"数字人

在休闲时,数字人可以是你的朋友。人类可以基于自己的兴趣,沉浸式体验各种社交场景,找到志趣相投的数字人"朋友"并建立社交联系。数字人就像一位知心朋友,了解你的喜好,关注你感兴趣的领域,甚至还能捕捉你的情绪变化,为你排忧解难。拥有一个你可以向其学习的朋友是最好不过的,这样的数字人友谊能让你拓展自己的世界,让你了解更多未知的领域。数字人甚至能够在元宇宙空间中帮助你扩大朋友圈,带你去结识不同年龄、不同国家、不同性别的朋友。

在工作时,数字人可以是你的同事。一个具有专业技能的数字人能帮你处理各种工作事宜,还可以替代你在更重复、更枯燥或更危险的环境里进行工作,让数字世界与人类世界协同推动工作。

在学习时,数字人可以变成你的老师,教你画一幅漂亮的画作,唱一首好听的歌曲。

在游戏时,数字人可以是你的对手,在网球场上与你打一场酣畅淋漓的比赛。

在旅行期,数字人可以变成你的导游,为你讲述博物馆里一件件珍贵文物背后的故事。

……

多样化的数字人在不同场景下会给你带来不同的体验。

四、数字人将为数字政府建设提供重要支撑

数字人与数字政府建设也能很好地结合,不仅可以播报新闻、解读政策、进行党课教学,还可以实现互动问答,帮助用户办理业务,以更生动可亲的形象为公众提供服务。

（一）数字政府建设需要数字人吗

政务服务千头万绪，需要的时候，公众经常摸不着门道，相较于冗沉的文字说明，形象化的数字人能为公众提供更为直观的服务。例如，政策解读是政务公开的一项重要工作。为进一步降低公众阅读理解的门槛，迎合公众短视频浏览的阅读习惯，数字人在政策解读场景下的应用赋予解读更加灵动的形态。声情并茂的解读形式，能够提升政策解读的表现力，提升公众对信息内容的理解，显著降低特殊群体获取信息的门槛。深圳市光明区政府在探索元宇宙技术在政务服务领域的应用过程中，成功打造了"数字发言人"，对政策《关于"光明政帮办"政务服务改革工作方案》进行解读，对工作方案中的指导思想、工作目标、服务内容、工作计划等进行细致说明，简单明了，科学易懂。

（二）数字人将如何赋能数字政府建设

数字人在政务服务方面大显身手。"赣服通"是江西省上线的一款政务服务手机软件，覆盖全省 100 多个县级分厅，全面服务于人民群众的政务事务办理。如今，"赣服通 5.0"即将发布，这个版本软件的最突出特点就是有了数字人"小赣事"，其具有政策播报导读、语音交互引导、智能服务管家、探索动作识别等功能。自上线试运行以来，"小赣事"通过帮办、代办服务，将城市排水许可证办理过程压缩到半天以内，不到 40 分钟就能帮个体工商户完成注册并办理好食品经营许可证。只要在网上和"小赣事"聊聊天，把资料发给她，就可以很快地办好事情。贴心的智能导办、边问边办赢得了企业的好评。"小赣事"的上线直接消除了企业、群众与政务窗口间的距离，让审批服务"零距离""零障碍"。

目前，数字人在政府大型会议上充当主持人，在公共交通领域充当安全教育助手，以及担任税务官、社保咨询助手、政务热线接线员等，正成为数字政府建设不可或缺的一部分。

五、数字人将成为个人和组织的重要数字资产

数字资产是近几年随着数字经济的发展而诞生的,它的出现是科技进步和经济发展共同作用的结果,更是数字时代发展的需要。如今,数据已经成为新的生产要素,更是驱动经济发展、社会治理优化的重要资源。因此,数据也成为一种资产,即数字资产。未来,数字人将通过区块链等技术得以加密确权,以数字资产的形式保存下来并实现交易和流通。

(一)数字资产是什么

身处数字时代,数字资产就在每个人的身边,手机中的一段录音、一张照片、一份电子文档都可以看作数字资产。目前,行业内还没有关于数字资产的权威、统一的定义。一般来说,数字资产是个人或企业拥有的,以数据形式存在的非货币性资产。它是可以明确价值的,预期会给所有者带来经济利益。数据的价值在于通过所有者的加工、处理和分析,优化现实世界的资源和财富配置。一切以数据形式存储的内容都可以是数字资产,如数字化的文档、声音、图片、视频等。数字人是以数据形式存在的,因此也是一种数字资产。

数字人制作成本下降和制作效率提升将使数字人定制成为潮流,大量个人和组织将在虚拟世界拥有专属的数字人形象并且能够享受特色化服务,数字人将成为元宇宙时代重要的数字资产。

(二)数字人作为数字资产将发挥的作用

对于个人用户,数字人将成为每个人在元宇宙的虚拟分身,可以与真实世界的人们无障碍交流,甚至代替人们完成一些复杂的工作。对于企业用户,数字人既是企业发展的重要人力资源,也是企业品牌构建和形象推广的重要载体,能通过自主学习不断增强自身技能,为企业创造更大的价值。对于公共服务机构,数字人通过拟人化、具有亲和力的交互体验为人们提供多

种智慧化服务，助力公共服务领域效率提升和智能化升级。

数字人作为数字资产，也有其资产属性和价值，这就涉及资产的确权、授权、保值、增值等一系列问题了。目前，人们对数字资产的价值没有充分的认识和重视，法律上还没有专门的关于数字资产的规定，数字资产交易规则、定价标准及数字资产所有权等还不明确，数字资产的合规利用和流动受到很大限制。

在法律法规还不完善的背景下，一些别有用心的企业和个人掠夺他人的数字资产，用于商业开发或进行违法交易，带来很多不良后果。因此，应积极推动数字人的确权、流通、交易等相关制度的建立健全，为激活数字人价值、促进行业健康发展提供保障。

第二节　数字人的发展机遇

"元宇宙""Web3""NFT"是当今互联网方面的技术热词，从 Facebook 直接更名为 Meta，到著名硅谷顶尖风投公司加注 Web3，再到迅速出圈的 NFT 数字藏品……互联网科技从业者与投资者都无比关注这些突然爆火的词语。在元宇宙、Web3、NFT 等概念的加持下，具有"十八般武艺"的数字人将迎来新的发展机遇，不仅能为人类带来全新的体验，而且将促进虚拟世界和真实世界互相融合渗透，数字人的进击之路即将开始。元宇宙、Web3 和 NFT 就像打开虚实时空之门的钥匙，为数字人打开穿越之门，使其迈向无边无际的时空。

一、元宇宙：数字人成为主角

1992 年，美国科幻作家尼尔·斯蒂芬森（Neal Stephenson）出版了著作《雪崩》，在书中他将元宇宙描述为"一个与现实世界平行、相互影响并且始终在线的数字虚拟世界"。简单而言，元宇宙就是一个全新的虚拟世界，所有人在元宇宙中都有一个虚拟分身（Avatar）。人们可在元宇宙中通过自己的虚拟分身进行探索与交流，如社交、娱乐、工作、购物等。

（一）什么是元宇宙

业界关于"元宇宙"的概念众说纷纭，至今未有被广泛认可的确切定义。被认为是"元宇宙第一股"的 Roblox 公司给出了元宇宙的八大要素：身份、社交、沉浸感、低延迟、多元化、随时随地、经济系统、文明。

"身份"指的是人们在元宇宙中拥有一个与现实世界对应的虚拟身份。"社交"指的是人们在元宇宙中也和现实世界一样有自己的社交圈，结交志同道合的朋友。"沉浸感"指的是人们借助虚拟现实等数字技术，在元宇宙中有很好的沉浸式体验感，仿佛身临其境。"低延迟"指的是在元宇宙中发生的事情没有时差或延迟，可以与现实世界实时同步，这对元宇宙基础设施（网络和服务器等）的性能提出了很高的要求。"多元化"指的是元宇宙可以提供丰富的场景应用，如社交、办公、娱乐等。"随时随地"指的是人们在元宇宙中开展活动不受时间和空间限制，可以随时随地进入元宇宙畅游。"经济系统"指的是元宇宙和现实世界一样拥有一个正常运转的经济系统，用户在元宇宙内部的生产、分配、交换和消费等活动可以正常进行。"文明"指的是人们在元宇宙中建立的文明体系。元宇宙生产、生活的正常运行离不开各种规则和制度的保障，需要建立与现实世界类似的、适用于元宇宙发展的文明系统。

元宇宙本身是现实世界的延伸，因此它具有现实世界的相关属性与规则。这八大要素构成了元宇宙的文明和秩序，与现实世界类似但又有所区别。元宇宙给人类生活和工作模式融入新元素和新体验，这满足了人们渴望在元宇宙中拓展体验的新需求，未来也将具有庞大的市场。

（二）数字人打破元宇宙与真实宇宙之间的虚实边界

元宇宙的诞生如何颠覆人们的认知？数字人对元宇宙的发展到底能发挥什么作用？

元宇宙是以数字要素为基石构建起来的数字时空，它的意义远超过虚拟空间，不仅是给人们提供沉浸式体验的虚拟场景，而且是全新的数字世界。数字人之于元宇宙就像人类之于地球、之于太空、之于宇宙，肩负着多重使命。数字人既是元宇宙的前锋，又是元宇宙的建造者和主人。简单来说，数字人能带领人们打破元宇宙与真实宇宙之间的多重边界。

在元宇宙诞生以前，人类与虚拟世界之间永远隔着电子屏（物质），虚实边界根本无法打破，更无法在虚实之间来回穿梭，人类思维的触角也只能通过实验在有限的时空范围内进行探索。元宇宙能够实现对宏观、微观世界的模拟，使人类思维的触角从有限的现实空间拓展到无边界的无限时空。因此，数字人在元宇宙内外进行的交互，打破了虚拟与现实、有限与无限之间的边界。

在元宇宙中，数字人能够直接到达虚拟世界的角角落落，全身心地感受、参与虚拟世界的海量内容，从而打破现实与虚拟之间的边界。例如，在元宇宙中你可以瞬间来到南极观看极光，甚至去浩瀚的外太空畅游。数字人的存在使虚拟世界和现实世界之间的壁垒逐渐消亡，为即将到来的元宇宙时代构筑了落地基础。

真正的元宇宙不能简单地理解为虚拟世界，而应理解为虚实相通、相互促进的多维世界。虽然我们目前还没有办法在真正的元宇宙中畅游，但数字人作为构建元宇宙内容的基础，已经在部分元宇宙细分场景（游戏娱乐领域等）中得到大众的认可。未来，数字人相关技术发展将使元宇宙充满无限可能。真人即使相隔万里也可以在同一个会议室里开会，在同一场馆里看演唱会，在同一个茶室里喝茶聊天。数字人可以帮助人们实现各种场景下的需求，满足人们对各种内容的想象。

值得注意的是，元宇宙的发展初衷是服务于现实社会，各种应用和社会规则不会也不能完全脱离现实，居住在元宇宙中的数字人也不例外。

（三）元宇宙的梦想何时照进现实

2021年11月17日，人民日报评论部的一篇微信文章《万物皆可"元宇宙"？》中提到，虽然元宇宙似乎拥有广阔空间和多种可能，但目前还是一个尚未成型的新兴事物。元宇宙是镜花水月还是触摸得到的未来,以及能否走向成熟,还需要时间的验证。

元宇宙的建设离不开高科技软硬件基础设施的支撑,离不开各方的参与,远比如今的互联网要复杂得多。总之,元宇宙是一个开放、多元、庞大的数字生态系统。有机构预测,元宇宙的建设和实现至少需要 10 年的时间,构建成熟的生态则需要更久。在技术演进和人类需求的共同推动下,元宇宙的场景实现和它所带来的巨大机遇、革命性作用是值得期待的。但正因为如此,我们更需要理性看待当前的元宇宙热潮,做好应对各种风险和挑战的准备,共同推动元宇宙产业的健康发展。

(四)VR 内容:乘上元宇宙的东风

没有文化内容的数字人是没有灵魂的。数字人首先是人的再生产,同时也离不开精神文明的赋能和文化内涵的打造。以数字人为主角的内容生产和 VR 体验将随着数字人的普及而增加,元宇宙和数字人的热潮将带火 VR 内容生产,VR 沉浸式体验将为数字人实现其交互功能提供重要支撑。沉寂多年、举步维艰的 VR 产业终于迎来了爆发式增长的前夜。

VR 即 Virual Reality,中文意思是虚拟现实,主要特点是让用户在视觉、听觉、触觉等方面有身临其境的感受。目前,我国的 VR 应用场景主要以游戏为主,越来越多的游戏企业推出 VR 游戏,用户在游戏中体验元宇宙的最初形态。除游戏外,VR 的应用领域还包括影视、教育、医疗、家装、生产制造等,VR 看房、VR 社交、VR 演唱会、VR 直播带货等应用场景已经进入人们的工作和生活。年轻人可以利用 VR 一体机打游戏;学生可以利用 VR 探索外太空和原始森林等现实中很难拥有的场景;工人可以远程实时操控大型工业设备;医生可以借助 VR 实现透视,全视角了解病灶位置,降低治疗难度;等等。

我国的虚拟现实产业同元宇宙一起迎来了发展热潮,也受到了政府和企业的高度关注。有研究机构预测,我国虚拟现实市场规模在 2023 年将突破 1000 亿元大关。内容生态布局是让消费者买单的关键,具有吸引力的 VR 内容将吸引更多用户购买 VR 硬件，元宇宙的发展也将为 VR 内容提供更多的应用场景。未来，数字人与 VR 的结合将优化数字人的实时交互体验和协同辅助功能，推动数字人在各行各业大规模普及应用。

二、Web3：数字人走向新时代

现在，在互联网圈也有一个概念同"元宇宙"一样，热度居高不下，被大家广泛关注和讨论，那就是 Web3。有人说，它的到来将彻底颠覆当前的互联网运营模式，迎来一个全新的互联网时代。因此，它也被称为"第三代互联网"。

（一）认识 Web3

Web 概念最早是由英国科学家蒂姆·伯纳斯·李（Tim Berners Lee）提出的，他在一项研究中提出"在全球范围内建立超媒体信息检索系统"，并将这个系统命名为"World Wide Web"（万维网）。从 Web1 到 Web3，互联网的每一次变革都引发了全球投融资和创业热潮，深刻地改变了我们的生活。

数据显示，2022 年第一季度，Web3 初创企业已获得超 1.73 亿美元的投资，而此前的 2020 年的融资额仅为 2000 万美元。对于我们这些互联网用户来说，需要了解 Web3 是什么，以及 Web3 和我们的关系。在介绍 Web3 之前，我们先来回顾一下 Web1 与 Web2。

Web1 是互联网的初代模式。 一般来说，1991 年到 2004 年被认为是 Web1 时代。1991 年 8 月 6 日，蒂姆·伯纳斯·李发布了世界上第一个网页。今天，人们仍然可以打开这个网页，看到关于万维网的解释说明及如何使用网页等。虽然这个网页现在看上去非常简陋，但正是它掀开了互联网时代的帷幕，宣告了 Web1 时代的到来。

当时的 Web 主要是用户信息展示平台，从文字、图片到视频，信息的内容也在逐渐丰富。互联网的早期用户可能对当年流行的门户网站有印象，如新浪、搜狐、网易等，用户可以在这些门户网站上浏览和阅读想要看到的新鲜资讯，这些信息是经过筛选和编辑的，内容是只读的，用户无法和网站进行交互，只能阅读浏览，这就是 Web1 时代。那时，人们对数字人在虚实世界中来回穿梭是无法想象的。

在 Web2 时代，用户是互联网内容的"描绘"者。从 2004 年开始，互联网进入 Web2 时代。O'Reilly Media 的创始人蒂姆·奥莱利（Tim O'Reilly）在一次会议上对 Web2 进行了解释。他表示，Web2 是一种新的互联网方式，其模式将更强调以用户为中心，允许用户作为内容的创建者存在，并通过社交媒体进行交互和协作。

Web2 最显著的特征是人们开始创建和发布自己的内容，互联网平台被用来进行信息传播，并由此诞生了大型社交平台，如 Facebook、Twitter、新浪微博等。这些平台除具有信息展示功能外，还有基本的社交功能，用户可以在网上评论、上传信息、交流互动。这些平台的数据由用户创造，平台还可以根据数据分析用户偏好并向用户推荐广告或产品。这便是如今我们正在经历的 Web2 时代。

在用户创造内容的模式下，网络成为人们日常生活中必不可少的重要部分。但是随着大家对互联网平台依赖程度的加深，人们渐渐发现自己的隐私数据似乎被一些大平台掌控了，成为互联网公司盈利的工具，隐私数据滥用、大数据杀熟、诱导点击、信息茧房等问题也被暴露出来，这些 Web2 带来的副作用也常常被人诟病。将数据的主导权归还给用户，让数据产生的价值回报给用户的呼声也越来越高。

Web3 是当今互联网技术的最高级别。2014 年，以太坊联合创始人加文·伍德（Gavin Wood）提出了 Web3 的概念：信息由用户自己发布、保管、不可追溯且永远不会泄露，用户的任何行为不需要任何中间机构来帮助传递。直观的理解就是，Web3 建立在 Web1 和 Web2 之上，强调以用户为中心，用户产生的数据、内容、价值属于用户自己，网络规则不需要平台来制定，而是由网络用户共同构建。

那么在 Web3 时代，这些互联网平台会消失吗？从用户的角度看，Web3 的使用感受不会有太大改变，各种互联网平台仍然会存在，只是背后的运行方式会发生革命性的变革。例如，微博上的登录信息和发布的内容不再通过平台保管，个人将会拥有一个数据库存储这些信息；而且用户会有一个通用的身份信息，登录不同的平台不必再像现在一样输入不同的账号信息。

尽管目前我们还没有进入 Web3 时代，也没有体验到一个具体的应用场景，但是随着科技界和资本界对元宇宙、区块链等热点的持续关注，Web3 时代似乎就在不远的将来。

Web 发展历程见表 16。

表 16 Web 发展历程

阶 段	时 间 段	特 点	代表公司或应用
Web1	1991—2004 年	信息展示，用户只能浏览	雅虎
Web2	2004 年至今	用户创造内容并交流、交互	谷歌、新浪
Web3	未来	用户创造和控制信息，并定义规则	以太坊、NFT

资料来源：根据网络公开资料整理。

（二）Web3 与元宇宙

Web3 作为新兴的概念，向人们描绘了一个美好的互联网世界。每个互联网的参与者都能够享受其带来的红利，网络提供的服务能够惠及世界上更多的人。例如，用户可以通过在平台上发布有趣的内容从浏览者那里获得收益；粉丝可以购买自己喜爱的偶像的"股份"，成为他们的股东，以获取这些偶像的作品版税。相较于 Web2 的平台经济，Web3 进一步凸显了去平台化、开放性和安全可信。

那么，Web3 和元宇宙有什么关系呢？元宇宙可以说是一个庞大的经济社会系统，几乎包括了我们生产生活的方方面面，涉及的领域非常广泛。Web3 就是元宇宙持续运行的基石。在元宇宙中，任何用户都可以凭借自己唯一的数字身份在不同的平台、不同的场景中穿梭，畅游无穷无尽的宇宙。因此，也可以说，Web3 是元宇宙实现的前提，只有加密、边缘计算等底层技术的成熟，Web3 才能应用落地，理想的元宇宙世界才会到来。

然而，在 Web3 具体落地的过程中还将遇到多重质疑，有人认为 Web3 的技术成熟还需要很长的时间，目前的 Web3 热度都是为了炒作和圈钱。

特斯拉的联合创始人马斯克曾在推特上提问:"有人见过 Web3 吗?我是没看到。"

目前来看,Web3 的实现还需要时间。技术实现成本高、难度大,监管和治理也面临很多挑战。去中心化的特点要求将所有权交给用户,一旦技术出现漏洞或监管缺位,互联网违法犯罪问题将难以控制。因此,Web3 的技术突破和行业监管治理应该走在应用落地之前。

Web3 的到来,将给整个经济社会带来什么影响,以及赋予人们哪些权利,都是需要长时间探索的。毋庸置疑,互联网在推动人类社会不断向前发展,未来传统互联网垄断格局必将被打破,用户将真正拥有互联网的价值和红利,社会将更公平、更普惠,Web3 将构建一个全新的互联网格局。

(三)Web3 为数字人打造新阵地

对于数字人的发展,Web3 将发挥什么作用呢?数字人与 Web3 结合将焕发出新的生命力,可以产生新的价值效应和 IP 效应,数字人将被赋予独一无二的数字身份和权力,作为数字资产带来的价值和数据所有权将归个人所有。在 Web3 的世界中,数字人可以去虚拟理发店换个新发型,再去虚拟商场买一件新衣服,约上好朋友们去看一场虚拟演唱会,凭借独一无二的身份在各个平台自由穿梭,无须频繁退出或在每个平台上重新登录账号,也无须第三方认证,平台不掌控数据信息,保障所有数字身份的安全和权力自由。目前,这些都是理论上的畅想,但 Web3 有望赋予数字人更多的价值。

三、NFT:数字人的新玩法

2022 年 4 月 1 日,周杰伦在 Instagram 上发文,称朋友送给自己的"猴子"NFT 被盗了。这个被盗的"猴子"NFT 被盗窃者以超过 300 万元人民币的价格卖了。NFT 因为周杰伦的"猴子"在愚人节被盗上了热搜,走进了大众视野。不少人在网上提问:NFT 到底是什么呢?

（一）认识 NFT

在现实世界中，很多事物真假难辨，这就需要唯一的防伪标识和身份编码，如身份证号码。在元宇宙中，数字人和数字资产也需要信用保证，需要唯一的识别标识，而 NFT 则可以保证实现这一点。

NFT（Non-Fungible Token），又名"非同质化代币/凭证"，"非同质化"意味着具有独一无二的属性，"代币/凭证"可以理解为具备交易属性，它实际上是一种架构在区块链上的"虚拟资产或实物资产的数字权益证明"，具有不可分割、不可替代、独一无二等特点。现实中的货币或网络上的比特币都属于同质化的代币，你的一元钱和别人的一元钱没有区别，可以相互交换，但是每个 NFT 对应了一个数字化物品，而且对应了一个独一无二的凭证，因此 NFT 彼此之间是有区别的，是唯一的，是不可分割的。

NFT、人民币和比特币的区别见表 17。

表 17　NFT、人民币和比特币的区别

区　别	NFT	人　民　币	比　特　币
同质性	×	√	√
可分割性	×	√	√
可计量性	×	√	√
虚拟性	√	×	√

资料来源：根据网络公开资料整理。

NFT 可以是以数字化形式保存的声音、图片、视频、文字等，相当于给这些实物或虚拟物品添加了一个身份认证，一件艺术作品可以被认证为 NFT，明星的一段语音可以被认证为 NFT，球星的一个踢球动作视频也可以被认证为 NFT，所以业内戏称"万物皆可 NFT"。NFT 的价值类似于一个收藏品，既取决于本身的成本、稀有程度、品牌价值，也取决于大众的认同程度，并且有望实现价值倍增。

目前，NFT 在公益、文博、文创等领域被广泛应用，应用最火热的领域是数字艺术领域，包括数字画作、数字头像、GIF 等。NFT 逐渐成为一种流行的新型文化衍生品，拥有前景广阔的发展市场。研究机构数据显示，2021

年，NFT 市场交易额超过 170 亿美元，同比增长 21000%。

在我国，为了限制 NFT 炒作，降低金融风险，国家出台了相关政策禁止设立相应的二级市场，因此 NFT 项目在我国主要集中在"数字藏品"上。快手旗下商业化平台磁力引擎联合数字藏品平台薄盒 Mints，共同推出快手首个 NFT 数字藏品"磁力引擎红人馆"，原型均为快手平台上各个领域的达人。数字藏品一般指具有艺术价值和美感的数字化商品。大多数"数字藏品"都不能二次销售，只能买来收藏，以此规避带有风险的金融属性，更强调作品的收藏价值。2021 年 12 月，新华社发行中国首套"新闻数字藏品"NFT，这套"新闻数字藏品"精选了 2021 年新闻摄影报道并进行铸造，记录了 2021 年很多珍贵的历史时刻，是写入元宇宙世界的数字记忆。

（二）NFT 与数字人

在 NFT 与数字人的耦合中，不断涌现出让人意想不到的新生事物，如最近一款名为 HALO 的 3D 虚拟人 NFT 盲盒游戏十分火爆。2022 年 5 月 5 日，HALO NFT 盲盒开始发售，24 小时后，价格翻升 700%。盲盒以高精度的 3D 数字人形式呈现，用户能够自如地操控数字人的动作和表情，可以用于社交平台的直播和互动，也可以去参加线上会议等，所有真人可以实现的场景，HALO 都可以做到。如果说 2D 图片是 NFT 的第一阶段，那么休验、社交、投票、虚拟业主等 NFT 数字人权益便是 NFT 的第二阶段，NFT 为数字人的发展打开了新世界的大门。

NFT 的属性决定了它在虚拟产品中不可替代的价值，在数字人的虚拟 IP、商业化应用、防止违法盗用等方面具有重要作用。目前，Twitter 平台上已经开展 NFT 头像认证，通过 NFT 认证的用户头像将获得一个特殊的六边形边框，Gucci 等奢侈品牌还推出了自己的 NFT 皮肤，这些具有唯一性的标识能很容易地让人辨别出账号的真假。

以往的数字人因为稀有，并且制作门槛较高、仿制成本大，假冒、仿制数字人的现象鲜有发生。但随着数字人制作的便利化和普及化，尤其是高仿真、"一站式"、快速生成数字人的 Deepfake 技术被大量使用后，利用真人

2D 图片和视频仿制数字人从事不法活动的事件频频发生。面对越来越猖狂的诈骗行径，NFT 认证与数字人的结合应用将不失为一种好的办法，能够让广大网友快速、有效地识别出名人账号的真伪，让假冒、仿制等行为无缝可钻、无所遁形。除此之外，有了 NFT 的认证，利用数字人发布一些违法言论及对目标人进行侮辱、攻击等犯罪行为，也能得到有效遏制，相信这将是很快能够看到的现实。

对于品牌方而言，借由数字人推出 NFT 产品，能进一步打造品牌形象和推广品牌理念，还能凭借对数字资产的创意开发获得良好的营销效果。美妆界的雅诗兰黛已经进行了尝试，2022 年 3 月，雅诗兰黛在 3D 虚拟世界平台 Decentraland 举办的首届虚拟时装周上，推出了小棕瓶 NFT，称用户购买了 NFT 之后，其在平台上的虚拟形象就会"容光焕发"。

从事音乐创作和表演的虚拟偶像也可以与 NFT 结合。无论是真人驱动的演唱，还是语音合成软件自动创作的作品，尤其是数字音乐作品，在网络上盗版现象严重，真假难辨。通过语音合成软件生成、由虚拟偶像演唱的数字音乐在贴上 NFT 认证标签后，就能为音乐编辑软件、虚拟偶像运营公司和广大音乐爱好者，提供高质量的音乐作品。同时，虚拟偶像发布的 NFT 专辑也具有一定的收藏价值，为一些乐迷们提供真正具有收藏价值的正版音乐。

此外，NFT 也为虚拟演唱会带来了更多的商业价值。虚拟偶像在经历了早期的推广、粉丝沉淀后的稳定后，举办收费虚拟演唱会将成为一种新趋势。NFT 的应用使虚拟演唱会的表现形态有了新选择，如经过 NFT 认证的虚拟偶像手印、特有标签、专有动作、虚拟演唱会大门及部分场景等，能有效保护虚拟演唱会举办者的权益，以及保证粉丝们的独享乐趣。

第三节 数字人的社会治理挑战

与现实世界中的人一样，数字人在元宇宙中的生活也需要被约束和规范。

制作数字人利用了真实人类的声音、肢体动作、表情等数据是否侵权个人隐私权？数字人如果被不法分子利用进行诈骗是否需要承担责任？青少年因为数字人而沉溺于虚拟世界该如何防范？我们应看到数字人应用存在的潜在风险和挑战并找到应对办法，这需要社会各界的重点关注。

一、带来社会安全隐患

当前，数字人的制作和应用已经暴露出威胁数据安全、侵犯真人权利等多种问题，极易给社会和个人造成巨大的损失，以及给公共安全带来重大隐患。

（一）数据违规现象屡见不鲜

数据安全已经成为全球重点关注的领域。随着数据价值的日益提升，数据安全问题也与日俱增，数据泄露、过度收集、数据滥用等安全事件频发。为了保护个人隐私、商业秘密、国家安全信息等，我国从立法、政策、打击犯罪等方面加大了治理力度。数字人作为数据要素构成的大型集成系统之一，也存在数据侵权、滥用、泄露等各类风险，以及面临着治理挑战。

数字人开发与应用过程中需要收集使用大量声音、肢体、表情、服装等数据，也可能加载真实人类的生物特征数据（指纹、虹膜等）。由于生物识别信息具有唯一性，终身不变，因此一旦泄露或丢失后果严重。数字人制作和运营公司如果滥用、泄露、篡改或向他人非法提供这些信息，则将涉及侵犯他人隐私权，违反法律对个人信息保护的规定。对数字人进行交易的过程，实质上是对生成数字人的数据资产进行交易，难免会涉及数字交易的安全问题。因此，要在交易环节出台更加细化的规定，否则有数据滥用、数据泄露及侵害公民信息权利的风险。

（二）深度伪造侵犯个人权利

近两年，诈骗团伙利用深度伪造（Deepfake）技术侵犯商界名人形象、伪造视频进行犯罪活动等事件呈大规模增长态势，目前仅凭一些 2D 图片就能合成一个以假乱真的 AI 数字人。随着技术的进步，深度伪造技术的有效监管将成为最大的难题。

2020 年，推特遭到大规模黑客攻击，黑客顺利侵入马斯克的账户，并发布了一段视频，诈称"给我你的币，每天给你 30%的回报率"。一年的时间，黑客在全球范围内诈骗到 1600 万美元（约 1.1 亿元人民币）。之所以有人受骗是因为诈骗团伙利用深度伪造技术进行了"换脸"：黑客截取马斯克在 TED 的采访视频，利用具有表情捕捉、语音合成、嘴型驱动等功能的深度伪造技术重新制作视频，并根据事先准备好的话术进行配音。研究数据显示，深度伪造技术在还原度上只有 3%的错误率，普通人难以分辨。诈骗团伙利用马斯克的影响力和在币圈的知名度，轻易实现了诈骗的目的。

当数字人参考他人的肖像、声音等以数字形态进行制作时，需要获得参考人或其近亲属的同意与许可，尤其是具有一定知名度和影响力的公众人物，其数字人形象一旦被不法分子用于虚假宣传乃至诈骗等违法犯罪活动，就会带来较大的社会危害。从技术层面上讲，要解决监管难题，实施大规模的"深伪检测"是很有效的途径。就目前的平台而言，识别技术是远远不够的，在应用端大规模使用深伪检测技术是一笔不小的投资。在这方面，必须调动企业防伪投入的积极性。此外，打击违法犯罪活动是政府社会治理的主要内容，由政府主导构建统一的深伪检测公共服务平台很有必要，同时应加强法律监管和行业监管，对违法犯罪行为加大预防和惩治力度。

（三）逝者"复活"是否侵权

数字人的诞生，让很多人生出"意识永生"的念头，由此引出了"生死伦理"问题。随着全息投影、深度学习、VR/AR 等技术的日益成熟，"复活"已故明星已不是技术问题。在 2022 年的江苏跨年晚会上，数字人邓丽君成功"复活"，与当红歌星同台献唱经典歌曲。同时，对于是否构成对邓丽君肖像权的侵犯，是否有违对逝者的尊重等问题，人们也展开了热议。在韩国,技术人员成功"复活"已去世的 7 岁小女孩,让其母亲通过 VR 设备和女儿再次相见,缓解了母亲的思念之情。这些"复活"虽然不乏温情,但也涉及伦理问题,极有可能侵犯逝者及其家属的基本权利。

以逝者作为建模基础的数字人,若未经家属同意或管理部门许可,运营方擅自安排该数字人进行商业演出,或者污化、丑化逝者生前形象,则会给逝者名誉带来不良影响,对逝者家属造成情感伤害。我国《民法典》规定,死者享有受到法律保障的人格利益,这种特殊的利益由其配偶、子女、父母或其他近亲属予以代为保护。但法律并未规定死者的父母、配偶、子女等近亲属是否有权对死者的肖像、遗体等进行利用,包括为其创设数字人,目前这在法律上还存在争议。大多法律界人士认为,数字人的制作需要使用死者本人的各种敏感数据,如肖像、声音、姓名等,极有可能在制作数字人的过程中侵犯死者的人格利益、人格尊严。

二、影响网络健康生态

利用数字人发布违法言论以达到不法目的的违法事件,近些年在全球范围内也越来越多,如商家制造虚假销售账户,引发不正当竞争;在某些国家的选举期间,伪造大量政治视频,影响竞选局面;利用别人的形象发布不法言论,让对方沦为罪犯……此类视频的增多,对网络生态造成了极其恶劣的影响。

(一)运营方恶意操作,问题重重

数字人商业行为依靠背后的运营团队,若其出现色情、暴力、霸凌等违法违规行为,则会对社会治理造成不良影响。目前网络平台上的一些数字人账号,粉丝群体庞大,容易被人利用从事网络水军活动,或者进行虚假宣传,这将影响网络舆情,危害网络生态秩序。

在保险行业,编造虚假事件吸引眼球、蛊惑人心,达到售卖保险的目的等现象屡见不鲜。目前,数字人入职保险行业担任保险营销员已有先例,如果数字人团队在保险营销中杜撰、编撰不存在的事件，则可能会导致事件当事人的人格权、名誉权、肖像权和声音权受到侵害，进而构成诽谤、侮辱等犯罪。

在目前数字人大举进入营销领域，重塑营销生态的过程中，利用数字人进行虚假宣传、售卖假冒伪劣商品、从事不正当竞争活动的行为也时有发生。可以预见，随着数字人加速进入网络平台充当营销员、带货网红、导购主播等，这类风险也将增多。

（二）网络生态如何维护

数字人的广泛应用，会给很多不法网民"出镜"的机会，他们发布不法言论、制造社会混乱、从事不法活动……这些都是需要重点关注的安全隐患。

从行业层面上讲，我们可以通过行业协会等自律约束性组织，切实规范数字人运作方及合作方的正当营销行为，同时加大对企业的宣传引导力度，加强自我监督。数字人应当遵守相关法律法规；在界定法律责任标准方面，应完善认证体系。数字人团队应当查验服务对象是否具有合法资质，所代言产品和服务是否内容真实、符合监管要求等。

三、引发"数字人成瘾"问题

随着虚拟世界场景的不断丰富，以及虚拟社交交互范围的不断扩大，以数字人为主角的元宇宙大门正在向人们缓缓打开，虚拟世界的吸引力让许多人欲罢不能，容易沉溺于数字人角色无法自拔。

（一）数字人成瘾问题不容小觑

现在的人们普遍沉迷于网络，尤其是"拇指一族"对电子产品的依赖程度极高。元宇宙比互联网更具诱惑力，沉浸式环境、参与式活动、低约束行为等，会助长人们摆脱实际生活或逃避现实的消极思想。在元宇宙里待上几天或更久，可能会变成常态，所以"数字人成瘾"问题离人们的生活越来越近。

数字人的沉浸式社交体验，可能使部分人群沉溺于虚拟世界，逐渐与现实世界脱节，甚至对现实世界产生不满、憎恨、仇视等负面情绪。尤其是对于世界观尚在形成过程中的"Z世代"，数字人可能使他们难以分辨虚拟世界和现实世界的差异，将网络规则带入现实生活，造成角色混乱，加剧社交恐惧、社会疏离等心理问题。这对青少年自我人格塑造造成不利影响，抑或影响其婚恋观、代际关系等。

元宇宙游戏也有可能成为数字人成瘾的重灾区。当现实中的人以数字人的身份在元宇宙中参与完全仿真、更为刺激、多样化的元宇宙游戏时，可能会完全迷失其中，在元宇宙的虚拟世界里生活、赚钱、社交，利用外卖和跑腿App解决真实生活中的问题，成为现实社会中的"隐形人"。同时，巨大的虚实差异，会强化人们对现实生活不满的情绪，以致逃避现实问题，甚至荒废自己的人生，满足于一时的快感，完全失去创新、创造和工作的热情，无法参与现实世界的建设工作。

（二）如何预防数字人成瘾

多数人认为，未成年人往往比成年人更容易上瘾。但研究发现，数字人成瘾跟年龄无关，数字人成瘾的人群规模还在不断壮大中。传统避免成瘾的方法，多数为培养良好的生活习惯、增强自身的自制力等，但随着虚拟世界参与性的不断提高及内容丰富程度的提升，数字人成瘾或成为一张难以避开的网。

在预防和治愈数字人成瘾方面，国内外已经进行了大量的研究。例如，国外正在尝试的"多巴胺戒断"法，是一种有助于减少孩子使用电子设备的运动。根据实践，此方法可以"重启"大脑并提高大脑效率，能够让人重新在简单微小的事情上获得幸福感。我国目前对青少年网络成瘾采取了一定的措施，如限制上网时间和上网时段。但在对数字人成瘾的矫正上，我国还需要进行更加长远的建设，以谋求人类与数字世界和谐共存。

四、积极应对社会治理挑战

科技伦理是科技创新和应用过程中需要遵循的价值理念和行为规范，是使现代科技发展给人类社会带来正向作用的重要保障。2022 年 3 月，中共中央办公厅、国务院办公厅正式印发《关于加强科技伦理治理的意见》，划定了我国未来一段时间科技伦理治理工作的路线图。2021 年国家互联网信息办公室等九部委发布的《关于加强互联网信息服务算法综合治理的指导意见》要求"企业应建立算法安全责任制度和科技伦理审查制度"。《互联网信息服务深度合成管理规定（征求意见稿）》也要求"深度合成服务提供者和深度合成服务使用者应当遵守法律法规，尊重社会公德和伦理，坚持正确政治方向、舆论导向、价值取向，促进深度合成服务向上向善"。

科技如果被人类不正确、不规范地使用，则会给社会带来新的风险和前所未有的伦理挑战。例如，近年来不断被人讨论的基因编辑技术、辅助生殖技术、人工智能技术等，这些技术成果如果被滥用、误用，则可能会危及社会安全、公共安全、生物安全和生态安全。因此，我们必须以全面、负责、审慎的态度对待现代前沿新兴技术和产品，尤其是对即将大规模应用的数字人，更要预判可能带来的治理风险，及时划定伦理红线，出台各领域的治理规则。

因此，我们应积极建立、规范数字人发展的法律法规体系。针对数字人制作与应用中出现的各种违规风险，出台明确的数据安全、知识产权等法律法规。鼓励数字人相关企业建立全流程数据安全管理制度，保护数据主体权益。对于数字人的运营主体，应组建伦理委员会或专门的审核小组，总体负责数字人技术的伦理规范审查，建立数字人内容输出监督机制，对恶意违法行为从严处罚。

在防范数字人成瘾方面，应加紧研究数字人应用对人类心理的影响。在即将到来的元宇宙时代，我们应保持思想清醒，建立健康的虚拟世界价值观念，处理好虚拟世界与现实世界的关系。

结　语

现在，就是最好的起点。尽管前进过程中不是一帆风顺的，但是我们已经看到众多创业者热情不减，全力研发数字人技术和相关产品。我们也看到科技巨头、投资公司、行业专家纷纷行动起来，携手在即将到来的元宇宙时代开创数字人世界。

当今社会，年轻一代正在逐渐成长起来，他们积极拥抱新鲜事物，与虚拟世界紧密联系，数字人将成为他们形影不离的好朋友。随着技术的不断进步，数字人也将拥抱更多的应用场景，赋能各行各业，构建出一个丰富多彩的元宇宙生态。相信在不久的将来，人人都能实现"数字人自由"。

参 考 文 献

[1] 陈龙强，张丽锦. 虚拟数字人 3.0：人"人"共生的元宇宙大时代[M]. 北京：中译出版社，2022.

[2] 尼尔·斯蒂芬森. 雪崩[M]. 成都：四川科学技术出版社，2018.

[3] 王桓. 重估：人工智能与赋能社会[M]. 北京：电子工业出版社，2021.

[4] 赵国栋，易欢欢，徐远重. 元宇宙[M]. 北京：中译出版社，2021.

[5] 邓释天. 超写实数字虚拟角色技术与未来[J]. 电脑编程技巧与维护，2018(7)：142-144.

[6] 胡铭菲，左信，刘建伟. 深度生成模型综述[J]. 自动化学报，2022, 48(1)：40-73.

[7] 李明宇，赵亮，姜军. 动作捕捉技术应用研究调查报告[J]. 科技信息，2011(36)：463.

[8] 刘畅，刘小军，贾金原，等. 基于设备性能的 Web 3D 动态实时光影云渲染系统[J]. 中国科学，2021, 51(2)：231-246.

[9] 戚福洲，侯进，黄永坤. 一种基于国标人体测量学数据的虚拟人建模方法[J]. 计算机工程与科学，2015, 37(4)：783-788.

[10] 薛为民，林本敬. 虚拟人技术在人机交互中的应用研究[J]. 北京联合大学学报（自然科学版），2008(6)：1-5.

[11] 叶子鹏，夏雯宇，孙志尧，等. 从传统渲染到可微渲染：基本原理、方法和应用[J]. 中国科学，2021, 51(7)：1043-1067.

[12] 张凤军，戴国忠，彭晓兰. 虚拟现实的人机交互综述[J]. 中国科学：信息科学，2016(46)：1711-1736.

[13] 周玥. 关于美国动画发展优势与技术特殊性探究[J]. 大众文艺，2020(5)：141-142.

[14] 中国数字科技馆. "数字主播"上线：冬奥手语播报 AI 数字人[EB/OL]. [2021-12-29].https://www.cdstm.cn/subjects/kjdabxyd/dajctj/zhda/202112/t20211229_1062468.html.

[15] 中国电子报. 虚拟现实：星星之火已经燎原[EB/OL].[2022-06-15].http://www.xinhuanet.com/techpro/20220615/622c93024ed943c290ad8e66b34d6f38/c.html.